谷金双

让教育的力量看得见
家园社协同育人机制探索

江苏大学出版社
JIANGSU UNIVERSITY PRESS

镇 江

图书在版编目（CIP）数据

让教育的力量看得见：家园社协同育人机制探索 /
谷金双，王艳云主编. -- 镇江 ： 江苏大学出版社，
2024. 12. -- ISBN 978-7-5684-2355-7

Ⅰ. G616

中国国家版本馆CIP数据核字第2024YW5309号

让教育的力量看得见：家园社协同育人机制探索

Rang Jiaoyu de Liliang Kandejian：Jia-Yuan-She Xietong Yuren Jizhi Tansuo

主　　编/谷金双　王艳云

责任编辑/宋燕敏

出版发行/江苏大学出版社

地　　址/江苏省镇江市京口区学府路 301 号（邮编：212013）

电　　话/0511-84446464（传真）

网　　址/http://press.ujs.edu.cn

排　　版/镇江文苑制版印刷有限责任公司

印　　刷/镇江文苑制版印刷有限责任公司

开　　本/710 mm×1 000 mm　1/16

印　　张/14.25

字　　数/240 千字

版　　次/2024 年 12 月第 1 版

印　　次/2024 年 12 月第 1 次印刷

书　　号/ISBN 978-7-5684-2355-7

定　　价/68.00 元

如有印装质量问题请与本社营销部联系（电话：0511-84440882）

编委会

Foreword

序　言

在现代社会的教育发展过程中，儿童教育不再由单一主体承担，幼儿园、家庭和社会的协同合作已成为推动儿童全面发展的关键力量。特别是随着《中华人民共和国学前教育法》《中华人民共和国家庭教育促进法》两部法律及《关于健全学校家庭社会协同育人机制的意见》等政策的出台，国家对学前教育的法律保障更加完善，家园社协同育人机制得到了关注与推广。家园社协同育人，作为一种教育理念和实践模式，也逐渐成为教育改革的重要趋势。国家不断推动高质量教育体系建设，而家园社协同育人机制的探索与应用，正逐渐成为实现教育公平、提升教育质量的重要战略之一。

本书不仅为我们提供了家园社协同育人的理论思考和实践路径，而且吸收了来自一线教育工作者的宝贵经验，为家园社协同育人提供了切实可行的操作方案和丰富的案例展示。编写团队长期扎根教育一线，深入探索家园社协同育人机制的内涵与践履路径，积累了大量的实践经验。形式多样的实际案例来源丰富、内容翔实，既涵盖了家园社协同育人各个环节，又提供了很多工具，具有很强的操作性。通过这本书，我们可以清晰地看到，幼儿园是如何以丰富的案例、科学的安排形成高效的工作机制，与家庭和社会紧密合作，形成教育合力的。本书不仅为幼儿园提供了具体的实践参考，也为我国《学前教育法》和协同育人的"教联体"工作方式在各地的有效落实提供了思路和借鉴。

基于对儿童发展全方位、多维度的关注，我们认识到教育不仅是幼儿园、学校的责任，更需要家庭、幼儿园及社会各层面的协同参与。在这种背景下，家园社协同育人不仅仅是教育理念的创新，更已成为推动教育现代化、促进儿童全面发展的重要战略。通过有效的家园社协同，各方能够在更大范围内整合社会资源，激发家庭和社会的教育潜力，进而为儿童提供更为有利的成长环境。

本书内容兼具理论高度与实践深度，为家园社协同育人提供了一套完整的、科学的机制和可行方案。在此，我想向参与这项研究与实践的所有教育者致以诚挚的敬意。他们通过长期的观察、思考与实践，找到了让家庭、幼儿园和社区相互赋能的途径，突破了传统教育模式的局限。这种协同育人的探索，必将为更多地区的教育工作者提供可借鉴的范例。

同时，本书也以一种开放的姿态，邀请更多的教育工作者、家庭和社区参与者加入协同育人的探索中来。家园社协同育人是一项系统工程，需要政策支持、资源整合和多方协作的持续努力。相信通过各界的共同参与，我们能够进一步提升幼儿教育的质量和公平性，为孩子们的健康成长筑牢根基。

教育的力量是无声浸润的涓流，终将汇成滋养生命的沧海。而家园社协同育人，就是让教育的力量看得见，并将其传递得更远的桥梁和纽带。通过家园社的深度合作，我们不仅能够为孩子们创造一个更为健康和谐的环境，还能够在社会各界的共同努力下，推动整个教育体系的升级与完善。愿本书能够为从事幼儿教育的朋友们带来启发和帮助，共同谱写家园社协同育人新篇章。

北京教育学院学前教育学院院长　谢志东

Preface

前　言

　　家园社协同育人是指在一定社会背景下，幼儿园及教师、幼儿家庭及家长、社区及社区服务人员，在幼儿成长的过程中各司其职，发挥所长，形成教育合力，共同促进幼儿身心健康发展的过程。放眼全球，"家园合作""家长参与""社区参与""教育资源共建共享"等内容标准已被纳入OECD国家有关儿童早期教育与保育的质量评价标准，成为全球儿童教育发展的基本趋势。在我国，家校社协同育人已通过《中华人民共和国家庭教育促进法》《中华人民共和国学前教育法草案（征求意见稿）》等多部法律确立其法律地位，并在《关于健全学校家庭社会协同育人机制的意见》《幼儿园保育教育质量评估指南》等政策中被反复强调。在"高质量教育体系"建设背景下，家园社协同育人已成为新时代教育发展的重要战略。

　　尽管家园社协同共育被视为提高教育质量的一个重要途径，已经被广泛认可并大力推动，然而在实践中，成就与不足并存，发展与挑战同在。广大幼儿园在推动家园社协同育人的过程中，面临着诸多现实、具体的实践难题：如何调动家长和社区参与共育的积极性，形成亲密互信的伙伴关系？如何构建三方在合作中的协作关系，使之形成真正的合力？如何构建长效机制，使之持续发展？如何完善家园社协同共育体系，确保其切实有效？如何丰富家园社协同共育的形式途径，不断拓展参与的深度？……本书正是在这样一个背景下应运而生的。

　　本书是编者们多年深耕一线、持续深化研究的成果。尽管家园社协同共育在近年来才逐渐成为公众关注的焦点，但编者们在这一研究领域已经坚持了十余年。书中创新性地提出了全程超前伴随式家长培训体系建设、4·18协同育人机制，充分展现了一线教师的实践智慧。本书内容具有以下几个显著特色。第一，汇集了来自多所北京市优秀幼儿园的真实案例，类型多样，覆盖全面，展现了目前一线幼儿教育工作者在该领域的生动实践。第二，覆盖了家园社协同共育过程中的各个环节，并且提供了详细的活动方案、流程图、记录表、反馈单，图文并茂，操作性强，为读者提供实用参考。总之，本书立足时代需求，扎根实践土壤，是一部兼具前瞻性与实用性的力作。相信广大读者能够在阅读后受启发、明思路、创做法，在协同育人方面有更多思考和行动，为落实科学保育教育、促进儿童发展做出更大贡献。

感谢北京市朝阳区秀园幼儿园、丽景幼儿园、枣营幼儿园、光华路幼儿园、福怡苑幼儿园、西坝河第一幼儿园、华洋紫竹幼儿园为本书编写提供的宝贵育人活动案例。在本书中，北京市朝阳区丽景幼儿园时鸿雁园长、张倩老师、李佳景老师负责第二章第一节的审稿与修改；北京市朝阳区枣营幼儿园宋芳园长、常鹏老师、刘祎玮老师负责第二章第二节的审稿与修改；北京市朝阳区光华路幼儿园张征园长、彭雪洁老师、郭娜老师负责第二章第三节的审稿与修改；北京市朝阳区福怡苑幼儿园肖微园长、秦雪老师负责第二章第四节的审稿与修改；北京市朝阳区西坝河第一幼儿园张静园长、李真老师负责第三章话题的审稿与修改；北京市朝阳区华洋紫竹幼儿园庞亚军园长、李东梅老师负责家园社协同故事的审稿与修改。北京市朝阳区秀园幼儿园王芳、杨晶悦老师对全书进行统稿与修改。

在此也非常感谢北京教育学院范爽琛博士提供的理论支持，感谢北京市朝阳区教育科学研究院刘洁红老师对本书的机制模式相关内容提出的宝贵意见。最后，本书编委彭雪洁、郭娜、常鹏、刘祎玮、秦雪、李佳景、李真、李东梅、张靖、张爽、谢静、李乐、史海燕、王婷、罗楠等老师也为本书活动案例的征集提供了支持。

家园社协同育人既是新时代教育改革的必然要求，也是学前教育高质量发展的必然要求。广大幼教工作者、家长和社区成员需深化共识、协同发力，方能为儿童构筑全面发展的支持体系。任重而道远，愿以此书与读者共勉同行。

主编

2024 年 11 月

目录

第一章
家园社协同育人机制

第一节　全程超前伴随式家长培训体系建立

一、家园社协同育人的背景

（一）政策呼吁：家园社协同育人是高质量学前教育的必经之路

《中共中央　国务院关于学前教育深化改革规范发展的若干意见》指出，办好学前教育，实现幼有所育。入园适应是当前学前教育质量提升的突出问题，也是幼儿园日常工作的阶段性难题。党的二十大要求"健全学校家庭社会协同育人机制"，2023年1月教育部等十三部门联合印发《关于健全学校家庭社会协同育人机制的意见》（以下简称《意见》），《意见》指出要建立学校家庭社会协同育人新格局、发挥学校在协同育人中的主导作用、建立家庭教育指导公共服务体系，健全学校家庭社会协同育人机制。随着《中华人民共和国家庭教育促进法》等政策法规的实施，"家园社"协同育人成为落实立德树人根本任务的重要基础，三方应目标一致、关系协调、资源共享、责任共担、功能互补，共同助力幼儿全面健康成长。布朗芬布伦纳（Urie Bronfenbrenner）的生态理论将人的发展环境分为微观层、中间层、外部层和宏观层，每一层的变化和冲突都会相互渗透和蔓延，都对人的发展有重要的影响。在生态系统理论中，个人的发展不是孤立存在的，而是不同的"层"之间的相互作用与相互影响。家庭、幼儿园和社区是幼儿生活成长的三大核心区域，共同构成其发展的多元环境，它们都对幼儿的成长发展产生着重要影响。可见，近年来，党和国家的相关政策多次提及家庭、幼儿园、社区应当相互配合，构建协同育人的教育模式，家园社协同育人的教育观念也逐渐受到重视。因此，教育生态学为家园社协同育人提供了重要的理论依据和实践框架。当前，在三者协同育人方面还有一些问题有待解决。首先，家庭与幼儿园之间的教育观念存在信息不对称的现象；其次，社区资源无法被充分利用，目前，幼儿的家庭、幼儿园、社区共同教育主要以亲子活动和家长会、家长开放日等家园融合形式为主，而邀请社会专家举办育儿讲座、幼儿园与社区共同宣传科学育儿方式等利用社区教育实践的活动尚未得到广泛应用。最后，家庭、幼儿园、社区三方的教育参与度不均衡，成为当前家园社协同育人亟待解决的现实问题。

（二）现实需求：实现家园社协同育人提高幼儿园保教质量

当前对家园社协同育人的认识有待提升，幼儿园在开展家园社协同育人方面缺乏系统的经验。在前期的调研中，一些幼儿园针对幼儿园家园社协同育人工作方面也存在一定的困惑，比如如何调动家长参与幼儿园活动的积极性，如何挖掘家长资源，如何联动周边社区资源开展活动等相关问题。家园社协同育人理念是指家庭、幼儿园和社会三方共同参与孩子教育的理念。在这种理念下，家庭、幼儿园和社会各自承担着不同的育人责任和角色，彼此之间相互配合、协作，共同促进孩子的全面成长和发展。因此，本项目通过主题式家长培训课程体系，精准解决家长的需求，构建家园互信关系。除此之外，为健全家园协同育人模式，营造家园合力育人的良好氛围，幼儿园初步形成"家园协同育人四模式"，即 4 种模式、18 种协同育人机制。每学期结合家长的需求、幼儿园重点工作和实际情况，有针对性地开展系列家园协同活动，提升家长的家庭教育观念，促进教师的育人指导能力。

二、幼儿园全程伴随式家长培训体系建设的工作思路

（一）工作目标

1. 指导家长树立正确的教育观念，学习、掌握科学的家庭教育知识和有效的教育方法，为幼儿健康成长营造良好的家庭教育环境。

2. 帮助家长了解幼儿园教育规律、幼儿园文化课程，了解家庭教育的意义、作用，增强家庭教育的责任意识。

3. 增强教师的服务意识和与家长沟通的艺术性，构建民主、和谐的家园关系。

4. 初步建立幼儿园家长培训课堂，构建家长培训课程体系，形成家园协同育人机制。

（二）具体措施

1. 注重家长培训课堂的规范管理

将家长培训课堂工作纳入幼儿园常规工作，每学期初建立详细的工作计划，并组织实施，做好各类家长培训的记录和总结，完善资料的收集和整理。基于园区家长委员会的组织机构，建立家长培训课堂的管理机构，形成由"家长委员会"牵头，共同推动家长培训课堂的建设。逐步制定家长培训课堂管理制度，逐步修订完善，推动其规范化。

2. 加强家长培训课堂师资队伍建设

家长培训课堂的师资队伍主要选择学前教育行业专家、家庭教育专家、育儿专家、儿童心理学专家、特殊教育专家等，同时根据各个学段的要求，选择有经验的骨干教师、有丰富育儿经验的家长及小学教师等加入师资队伍。

3. 家长培训课堂注重实效

为帮助家长提高育儿水平，幼儿园坚持扎实地开展家长培训工作，以家长培训课堂做好家长签到记录与组织工作，并通过家教知识测试了解家长对家教知识的掌握程度。为增强培训效果，教师在课程及活动形式上进行尝试与探讨，通过问卷调查及口头咨询等形式了解家长急需知晓的热点问题，确定讲座内容，加强课程内容的针对性，并认真备好课，制作课件。讲座时，教师尽量多采用情景教学法与横向互动法，注重内容的实用性与参与性。

4. 利用教育资源契机，开展丰富多彩的家长课程培训活动

根据幼儿园家长实际情况，各方利用丰富的节日或社区资源等契机，开展相应的家长课程培训活动，比如在"母亲节""父亲节"时邀请育儿专家开展相应的讲座。

（三）实施思路

1. 全面调研全体家长的需求，明确家长培训课程体系的方向。

2. 有重点地调研入园、入学前家长需求，形成主题式家长培训课程体系框架。

3. 聚焦重点专题，全园合力建构主题式家长培训课程体系。

4. 以生态学为视角，建立家园协同育人机制。

具体构建思路见图 1-1。

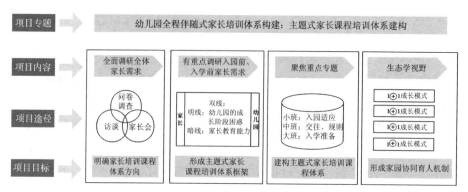

图 1-1　幼儿园全程伴随式培训体系实施思路

三、幼儿园全程伴随式家长培训体系建设的实施过程

（一）方向调研：全面调研全体家长的需求，明确家长课程培训体系的方向

为贯彻教育部《3~6岁儿童学习与发展指南》（2012）、《幼儿园教育指导纲要（试行）》、《幼儿园入学准备教育指导要点》（2021），幼儿园应实施科学、全面、全程的保育与教育，帮助幼儿做好身心各方面准备，实现从幼小的顺利过渡。现对小、中、大班全体家长展开有关"四准备"的调研，共发放问卷 270 份，收回有效问卷 254 份（小班 70 份，中班 93 份，大班 91份）。并有针对性地选择各个年龄班的家长利用一对一家访，开展访谈工作。

1. 问卷调研结果分析

从问卷调研的结果来看，小班的家长的主要需求聚焦在"生活自理能力"，中班的家长需求聚焦在"同伴交往"和"规则意识建立"，而大班的家长更加关注孩子的入学准备相关问题，在幼儿园时如何做好幼小衔接等相关问题。具体参见图 1-2。

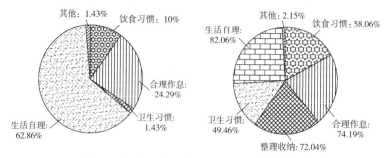

图 1-2　小班、中班家长需求调研结果扇形图

从上图来看，小班家长将62%重视度放在了生活自理能力上面，到了中班重视程度提高到了86%。小班家长对卫生习惯不大重视，关注度只有1.43%，同时对孩子的饮食习惯关注度10%。到了中班，这些数据都有大幅度提升，说明中班孩子尝试使用筷子，饮食结构多样化，活动范围和社交圈扩大也提高了家长对卫生习惯的关注。中班合理作息的关注度较小班也有大幅度提升。到了大班，90%的家长会关注时间的管理能力，物品的整理能力也受到重视，其他各种习惯的重视程度也较平均。

2. 访谈结果分析

利用每学期前对每个幼儿家庭进行家访工作，一方面对幼儿上个学期的基本情况及家长关心的问题进行反馈，另一方面了解家长在新学期对于幼儿发展的新需求，访谈结果汇总如表1-1所示。

表1-1　各年龄段家长诉求表

年龄段	主要诉求
小班家长	1. 幼儿园里都教什么？ 2. 孩子说不想上幼儿园怎么办？ 3. 怎么与老师沟通交流？ 4. 为什么要布置亲子作业？ 5. 幼儿园每天都吃什么？都有哪些营养？ 6. 孩子挑食怎么办？ 7. 孩子在幼儿园尿裤子、不大便怎么办？ 8. 会不会有人欺负孩子？
中班家长	1. 孩子在幼儿园发生了伤害怎么办？ 2. 孩子与同伴之间发生冲突了怎么办？ 3. 怎么帮助孩子建立规则意识？ 4. 孩子爱发脾气怎么办？ 5. 怎么引导孩子有学习兴趣？ 6. 孩子不爱表达怎么办？
大班家长	入学前： ★1. 怎样才能知道孩子是被哪所学校录取了，报名情况有没有问题，招生学校会不会给家长打电话沟通报名事宜。 ★2. 国家提倡零基础入学，家长利用这几个月需要给孩子加强哪方面能力训练（知识方面和身心方面）？入学前孩子的基础知识需要准备到什么样的程度？ 　3. 入学前需要准备哪些学习物品？有具体要求吗？ 　4. 如何能让孩子更快地适应小学生活和学习？

年龄段	主要诉求
大班家长	入学后： ● 生活 ★1. 午餐饭菜是从外面公司订餐吗？是哪家公司呢？如何确保午餐的营养和卫生？学校老师的午餐也是从同一家公司订餐的吗？ ★2. 一个班级有多少个孩子？ 　3. 孩子中午怎么休息？ 　4. 课间休息时间多少？是否能够自由活动？ ● 学习 ★1. 一年级都有哪些课程，各科教材都是什么版的？ ★2. 孩子入学后一天的在校学习生活的基本时间安排和流程是怎样的？ ★3. 社团活动是否一年级就可以参与？其种类有哪些？ ★4. 放学后有没有家庭作业，如果没有家长需要配合做点什么？ ★5. 低年级孩子需要重点培养哪些习惯？ 　6. 语文有没有推荐阅读书单？ 　7. 拼音汉字在 0 基础上学有没有困难？ ● 情感 ★1. 如何缓解孩子的入学焦虑？ ★2. 孩子有问题不敢找老师怎么样处理？ 　3. 学校如遇霸凌该如何处理？

（访谈结果整理分析：北京市朝阳区秀园幼儿园　钱充、孙佳琪）

综合以上对家长的全面调研分析，基于家长的困惑及需求，在建立全程伴随式家长培训体系框架前，我们也发现家长的需求有以下特点：

（1）从年龄段来看，小班关注生活方面，中班关注生活向社会交往过渡方面，大班关注幼儿入学准备尤其是学习准备方面。

小班家长侧重关注幼儿生活准备方面，如幼儿在园的进餐、饮水、运动、午睡、如厕等幼儿生活自理及卫生习惯的培养方面，但仍有部分家长仍关注小班幼儿日常活动安排，如游戏和课程设置；中班的家长由上学期关注幼儿的集体生活适应，逐渐过渡到幼儿同伴交往、规则的建立、情绪的变化，而到了大班，家长关注点则转向幼儿入小学前的焦虑及需求，如"家长怎么为孩子做准备？""幼儿园开设哪些幼小衔接的课程？""是否需要提前识字、学拼音、计算等？""有没有必要上幼小衔接课程等"……

（2）从幼儿的发展来看，各个年龄段的家长关注点有共性需求。

健康与体能方面，家长普遍关注幼儿的膳食营养、每日运动量、进餐量，以及孩子的身心适应情况；小班家长更在意幼儿是否有哭闹、情绪波动等情况；中、大班家长则聚焦体质较弱、超重等特殊儿童的健康管理，如频繁生病、视力问题、肥胖等。从习惯与自理来看，家长主要关注的孩子午睡、饮水、进餐等需求，具体体现在是否午睡、每日饮水量、进餐是否适应、穿脱衣服、大小便等方面。在自我认知和社会性发展方面，家长更关注幼儿的同伴交往能力，如同伴之间出现矛盾冲突、孩子在园的同伴交往情况、孩子的胆小、不自信、不适应等。从幼儿的语言与交流来看，家长普遍关注的是孩子的理解与表达，如愿意表达、主动表达等方面。从探究与认知来看，家长更多关注的是孩子的数学认知方面，对幼儿科学探究关注较少。从美感与表现来看，家长侧重于关注幼儿在园是否能够大胆自信的表达、创造。

四、基于有重点的调研入园、入学前家长需求，形成主题式家长培训课程体系框架

基于全面、广泛、有重点、有需求的调研结果来看，当前家长的困境主要在于：家长对幼儿园的课程设置、安全管理等缺乏了解；在家庭教育方面，育儿的知识停留于理论层面，存在"知易行难"现象。幼儿园面临双重困境：一是家长教育培训缺乏专业课程指导，二是教师家庭教育指导能力不足，尚未构建系统、精准的家长培训体系。从这两个困境来看，需要形成系统性、融合性、个性化主题式家长培训课程体系框架。

（一）主题式家长培训课程体系框架的特点

1. 以幼儿成长阶段为明线，家长教育能力为暗线

为家长提供系统化的主题式家长课程培训体系，幼儿园以幼儿成长阶段为明线，家长教育能力为暗线，每月设置 1 个核心专题，全年共 12 个专题，逐月推进，内容层层递进。孩子在不同阶段成长完成不同的任务，家长通过学习，更新教育观念，丰富育儿知识，提升养育能力。

2. 多元化、多途径提升家长教育能力

为家长提供多元化的便捷学习方式，幼儿园通过线下讲座、线上课堂、读书分享、活动参与等多种途径开展，提升家长教育意识。

（二）主题式家长课程培训体系的课程逻辑（图1-3）

围绕孩子成长阶段任务的主题：以孩子成长阶段需求任务为明线，以家长家庭教育能力指导为暗线，孩子在不同的成长阶段完成不同的任务，家长通过学习，更新教育观念，丰富育儿知识，提升养育能力。

围绕家长育儿困难的主题：以家长在孩子成长阶段中遇到的育儿问题、

困惑为主题。家长往往在育儿问题出现后才会被动学习，孩子的适应和成长需要持续关注。

围绕家庭生活教育的主题，家庭教育即生活教育，通过日常情境引导孩子成长。

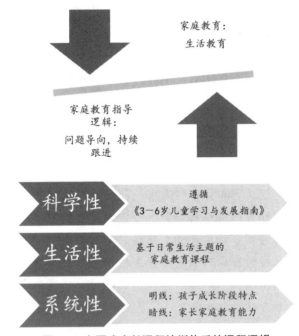

图1-3 主题式家长课程培训体系的课程逻辑

（三）初步形成主题式家长培训课程体系内容框架及具体实施

1. 两条主线并进（图1-4）

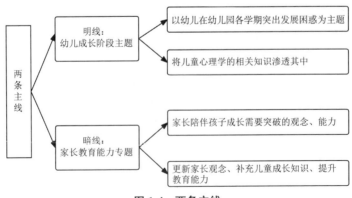

图1-4 两条主线

2. 三条路径共推

两条主线即一条是以幼儿的成长阶段困惑主题为明线，另一条以家长教育能力专题为暗线。以教师、家长、幼儿园三条路径（图1-5）共推，以教师带动家长与家长配合幼儿园，通过直接与间接支持，三条路径协调育儿，共同提升家长育儿观念和能力。

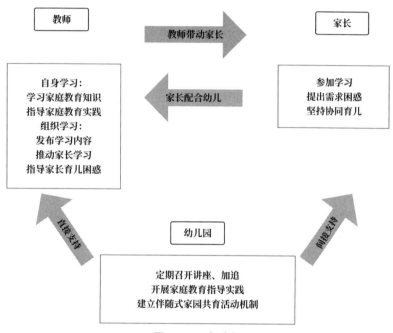

图1-5　三条路径

3. 三年六大专题

根据幼儿的成长规律和发展特点，幼儿园初步形成3年6个学期，每个学期1个主题，每月1个专题的模式。3年共6大主题，36个学习专题，各个年龄段课程目标明确、具有侧重点。具体如图1-6所示。

图1-6　主题式家长培训课程体系

五、聚焦重点专题，全园合力建构主题式家长课程培训体系

（一）基于重点专题，初步形成主题式家长培训课程体系（表1-2）

表1-2　主题式家长课程培训体系框架

年龄段	家长需求	主题式家长培训课程体系大纲	形式	落实
小班	上学期： 1.入园前的家长担忧 2.入园后入园适应（情绪、生活）	1.孩子入园，您准备好了吗？（9月前） 2.为孩子的入园适应做好准备（9月） 3.了解幼儿园一日生活常规（10月） 4.幼儿园集体生活（11月） 5.幼儿园活动的价值、作用（12月） 6.家园合作，促进孩子个性化成长（1月）	专题讲座 家长会 资源推送 文章阅读 图书推荐	保教部门 班级教师
	下学期： 1.集体生活适应 2.幼儿在园各方面	1.孩子爱生病怎么办？（3月） 2.如何培养孩子独立自理意识？（4月） 3.如何让孩子爱上幼儿园？（5月） 4.如何关注幼儿的成长？（6月）	专题讲座 家长会 资源推送 文章阅读	保教部门 班级教师
中班	上学期： 1.幼儿同伴间交往 2.幼儿规则意识建立	1.中班幼儿的发展特点（9月） 2.孩子发生冲突怎么办？（10月） 3.如何帮助孩子建立规则意识？（11月） 4.家长如何参与幼儿园主题活动？（12月）	专题讲座 家长会 资源推送 文章阅读	保教部门 班级教师
	下学期： 1.幼儿语言表达 2.大班幼小衔接	1.孩子不爱说话，怎么办？（3月） 2.孩子不爱运动，怎么办？（4月） 3.孩子总爱脾气，怎么办？（5月） 4.幼小衔接，家长怎么做？（6月）	专题讲座 家长会 资源推送 文章阅读	保教部门 班级教师
大班	上学期 1.幼儿学习习惯培养 2.幼儿习惯养成	1.大班幼儿发展特点（9月） 2.家庭中幼儿语言与阅读能力的培养（10月） 3.家庭中幼儿数学与逻辑思维能力的培养（11） 4.如何建立培养幼儿时间意识?(12月)	专题讲座 家长会 资源推送 文章阅读	保教部门 班级教师 小学教师
	下学期 1.入学准备 2.如何为升入小学做准备	1.如何帮助孩子做好身心准备？（3月） 2.如何帮助孩子做好社会准备？（4月） 3.如何帮助孩子做好学习准备？（5月） 4.入小学，您和孩子准备好了吗？（6月）	专题讲座 家长会 资源推送 文章阅读	保教部门 班级教师 小学教师

以小班入园初期家长培训为例，遵循"明暗双线并行"原则，幼儿园借助多方资源开展小班入园初期家长主题课程培训。

为深入贯彻北京市朝阳区教育科学研究院学前教研部印发的《2022年朝阳区幼儿园新小班家园共育工作方案》，紧密围绕"家园合作下新小班幼儿入园适应和小班幼儿卫生与健康教育"工作重点，结合教育部《3~6岁儿童学习与发展指南》和幼儿园实际情况，我国研究与制定小班入园及家园共育工作方案，且通过家长问卷调研了新小班幼儿健康状况和幼儿生活习惯：内容涉及适应能力、性格、过敏史、运动能力、饮水饮食习惯、睡眠如厕习惯、自理能力等。调研发现，家长最关注幼儿的入园焦虑、适应能力、自理能力培养、在园饮食等问题。家长反馈存在以下需求：一是3-4岁幼儿的年龄特点把握及适宜的教育方式存在困惑，希望幼儿园开展讲座、指导和帮助；二是部分家长会看一些教育类书籍；三是想了解幼儿园的教师师资、幼儿在园一日生活，以及预防传染病、疫情防控方面相关工作等。根据调研结果，教师有针对性地制订班级计划，通过渐进式入园、多样化游戏、创设班级环境，缓解幼儿入园焦虑，帮助幼儿做好入园适应工作。如小班入园前后家长培训课程体系如表1-3所示。

表1-3　小班入园前后家长培训课程体系

入园前后家长需求	课程大纲	形式及来源
入园前： ● 幼儿入园前家中应为其提供哪些东西？ ● 家长怎样做能让幼儿不抵触上幼儿园？能让幼儿开心快乐、期待上幼儿园？ ● 入园前是否应该在家中培养幼儿自理能力，怎么培养？	1. 幼儿入园前家中应为其提供哪些物品？ 2. 入园前如何帮助幼儿建立积极的情绪？ 3. 如何引导孩子适应幼儿园生活？	● Teach8平台 ● 京学网平台 ● 北京朝阳教育微信公众号（幼儿园的一天） ● 北京朝阳教育有关新生入园攻略推送
入园后： ● 怎样了解自己孩子在园中的表现？ ● 怎样判断自己孩子的表现是否正常？	1. 孩子不爱上幼儿园怎么办？ 2. 孩子在幼儿园哭闹怎么办？ 3. 孩子总爱生病，怎么办？	

（二）针对个性幼儿发展需求特点，开展对应的家长主题培训课程

个性需求家长培训课程体系框架表如表1-4所示。

表1-4 个性需求家长培训课程体系框架表

个性需求	家长主题课程大纲	形式	落实
特殊幼儿（孤独症、感统失调、多动症等）	1. 孤独症幼儿的特点和家长措施 2. 感统失调/多动症幼儿表现和教育建议	专家讲座 资源推送	保健部门 保教部门 班级教师
超重、肥胖幼儿管理	1. 幼儿超重、肥胖的危害 2. 家庭教育指导建议	专家讲座 资源推送	保健部门 保教部门 班级教师
体弱幼儿管理	1. 体弱幼儿，家长如何养育？ 2. 家庭教育指导建议	专家讲座 资源推送	保健部门 保教部门 班级教师
视力异常	1. 视力异常幼儿，家长怎么办？ 2. 家庭教育指导建议	专家讲座 资源推送	保健部门 保教部门 班级教师
幼儿生长发育迟缓（语言、运动）	1. 幼儿生长发育迟缓的表现 2. 家庭教育指导建议	专家讲座 资源推送	保健部门 保教部门 班级教师

第二节 家园社协同育人机制的建立
——4·18家园社协同育人机制

一、家园社协同育人理念与目标

（一）育人理念

家园社协同育人主要以布朗芬布伦纳提出的生态系统理论和爱普斯坦（Joyce L. Epstein）提出的交叠影响域理论为基础，该理论指出儿童的发展受到多层环境系统（微观系统、中间系统、外层系统和宏观系统）的交互影响，同时强调人的发展受到内在自我和外在多层环境的双重作用的结果。因此，"儿童为本、融合共聚"（见图1-7）的家园社协同育人需要将幼儿置于教育的中心位置，家长、教师和社区教育者根据幼儿成长需求，以我国学生发展核心素养理论为目标参照，结合社会发展趋势，在沟通协商中建

构多方主体的融合共聚关系。

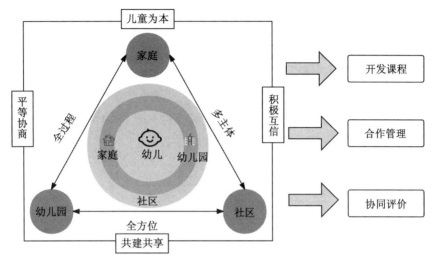

图 1-7　"儿童为本、融合共聚"家园社协同育人理念

家园社协同育人的根本目标是落实立德树人任务，指向培养德智体美劳全面发展的社会主义建设者和接班人。"儿童为本、融合共聚"家园社协同育人的理念坚持四个立足，即立足儿童发展的根本宗旨、立足幼儿园的育人追求，立足家长的实际诉求和立足社区的现实情况，高度对接国家政策文件精神，形成"儿童为本、平等协商、共建共享、积极互信"的核心理念。

"儿童为本"的共同观念：家园社协同共育把幼儿放在首位，将幼儿的健康全面发展放在首位，三方共同达成"儿童为本"的价值取向，家园社要履行各自责任，共同打造全方位、多元化且有利于学前儿童茁壮成长的优良环境、守护儿童健康幸福的童年生活。

"平等协商"的组织内核：平等观念的树立是家园社协同共育的关键基石。要建立家园社三方平等的意识，尤其是重视各方的意见、建议和需求。

"共建共享"的共同行动：家校社的共同行动是指向学生发展或教育获得而进行的共同行为。把家园社三方拥有的不同知识、实践经验、认知视角及思维模式等进行充分的交融，不仅是知识与经验的简单叠加，还是不同类型智慧相互激荡、融合与升华，进而产生出更具广度和深度的集体智慧。

"积极互信"的情感凝聚：家园社协同育人，其本质是育人共同体，实现各育人主体在共同协作过程中完成身份的确认，形成归属感与认同感，共同合力抵制损害儿童健康成长的不良倾向，最终通过协商、对话、实践形成理解，产生信任，继而生长出"情感力量"。

（二）育人目标

"儿童为本、融合共聚"的家园社协同共育提出了"育幼儿""育教师""育家长""育社区"的"四育"目标（图1-8），力求幼儿所在的"生态系统"中每一个参与者都能有所成长。幼儿园、家庭、社区因幼儿而联结，幼儿的发展是协同共育最核心的目标，也是最终的价值旨归，教师、家长、社区人员的发展也能更好地引领幼儿的发展。

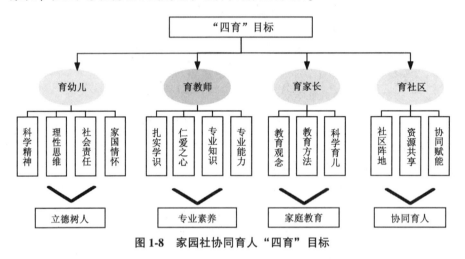

图1-8 家园社协同育人"四育"目标

"育幼儿"的目标重点突出落实立德树人的根本任务，为培育身心健康、乐于探究、善于合作的儿童奠定基础。

"育教师"的目标重点突出提升教师的专业素养和家园共育的能力，为培养具有扎实学识、仁爱之心、专业知识、专业能力的教师队伍筑基。

"育家长"的目标重点突出帮助家长树立正确的儿童观、教育观，致力于提高家长的家庭教育能力，提高家庭教育素养，为幼儿健康成长营造良好的家庭教育环境，促进家庭教育良好开展。

"育社区"的目标重点突出对社区、社会机构参与和支持幼儿园教育赋能，通过社区教育多元实践基地的建构来搭建协同育人的有效平台，促进教育资源的整合转化与高效利用。

二、家园社协同育人内容

"大自然""大社会"都是幼儿学习的活教材。幼儿需要通过直接参与、实际感知和亲身体验的方式进行学习，因此幼儿的学习的内容应该是存在于其生活场景之中。因此，我们首先开拓育人新场域并进行系统规划，其次挖掘多元主体间的相互关系，最后建构幼儿课程和家长课程内容。三者之间相辅相成、相互促进，共同构成了场域、主体、资源三位一体的家园社协同共育内容（图1-9）。

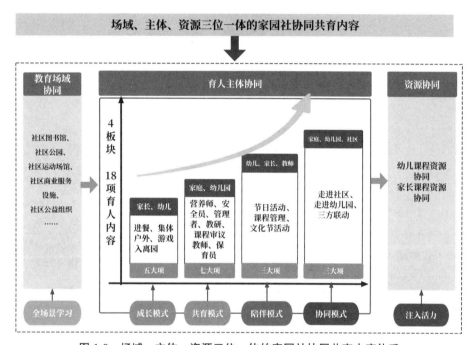

图1-9　场域、主体、资源三位一体的家园社协同共育内容体系

1. 教育场域协同

儿童学习场所全域化需要以幼儿园为主体进行理念、机制、课程、评价的一体化构建，更需要社区、社会积极主动融入，在深度协同、高度信任的基础上进行新的育人场域开拓。幼儿园与社区的共建共融，增进幼儿园与社区之间的交流与合作，努力构建"资源共享、优势互补、互相促进、共同提高"的新格局。以"社区场域"为例，幼儿园深度开拓社区教育设施、医疗设施、文化体育设施、商业服务设施、社区服务设施、行政管理设施、市政公用设施等的育人价值，并重点选择与社区联系紧密的社区图书馆、社区公园、社区运动场馆、社区商业服务设施、社区公益组织等。基于这些场馆与五大领域的内在联系，幼儿园打破园内外学习界限，以场馆资源拓展成长资源，形成全场景学习，以融合创新引领协同创新，具体

如图 1-10 与表 1-5 所示。

图 1-10 "社区场域"的十大资源

表 1-5 "社区场域"下场馆资源

场馆	资源运用	活动
社区图书馆	幼儿园可以与社区图书馆合作，参观图书馆、借阅书籍、参加阅读活动等	• 亲子阅读打卡 • 阅读马拉松
社区公园	幼儿园可以与社区公园合作，进行户外活动、进行亲子游戏、进行植树造林等	• 亲子定向越野 • 植物园科普
社区运动场馆	幼儿园可以与社区运动场馆合作，进行体育锻炼、进行运动比赛等	• 亲子运动会 • 体育节
社区商业服务设施	幼儿园可以与社区超市、商场合作，参观超市，认识价格，学会自己购物	• 跳蚤市场 • 商品集市
社区公益组织	幼儿园可以与社区公益组织合作，参加公益活动、进行社会实践等	• 关爱老人 • 垃圾分类

2. 育人主体协同

研究形成了幼儿园伴随式家园社协同育人活动内容，即构建"4 板块"和"18 项"协同育人内容（图 1-11）。"4 板块"主要从主体参与的角度进行区分，具体主要包括"家长和幼儿""家庭和幼儿园""幼儿、家长和教师""家庭、幼儿园和社区"。"18 项"主要是基于不同主体参与的具体情境活动，如第一板块的"家长和幼儿"具体分为了观察一日生活各环节，包括观察进餐环节、观察集体活动、观察自主游戏、观察户外活动、观察入/离园环节。为了让家园社协同育人更好地落实育人目标，我们以此为基础设计了具体、清晰、明确且可操作的框架体系。具体如下：

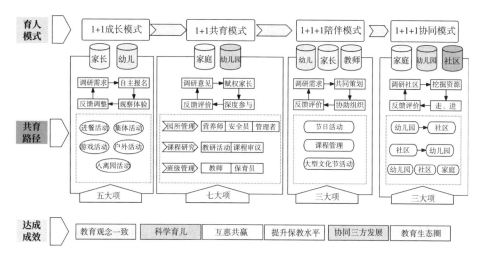

图 1-11 家园社协同育人创新实践 4·18 模式图

（1）1+1 共成长：家长与幼儿

幼儿园根据实际情况邀请家长进入幼儿园开展了家长观摩幼儿一日生活的各个环节，内容包括进餐环节、集体活动、区域游戏、户外活动、入/离园环节，全面了解幼儿园的教育理念、教育方式和教育内容。每周班级教师根据幼儿的主题活动与家长的需求与兴趣，组织家长参与区域活动及主题活动。通过观察幼儿在幼儿园一日生活的具体表现及教师的教育理念、方式、内容等，逐步实现家长与幼儿共成长。

（2）1+1 共培育：家庭与幼儿园

家长还可以参与到幼儿园管理和课程研究中，真正赋予家长参与幼儿园教育管理的权利，发挥家园之间的协调共育功能。如在课程研究中，主张家长深度参与幼儿园课程研究，建立深度参与课程的机制，打破以往家长以听命者、受命者、执行者的角色参与，以生活化的课程为家长，家长、教师、幼儿组成一个互动共同体，通过彼此之间不断对话，教师和家长可以一起解决教什么、怎么教、教得怎么样的问题，既增强课程的适宜性，又提升对话的专业深度。根据幼儿园的现状及参与人员的现实水平，依据幼儿园课程生活化的特点，组织家长参与幼儿园课程审议，通过课程内容及安排的商讨，达到课程实施效果的最大化。在班级管理中，家长可直接参与班级工作，在参与课程研究的基础上，体验教师和保育员的工作，成为课程教学的重要资源。

（3）1+1+1共陪伴：幼儿、家长、教师

家长、教师是幼儿成长过程中的陪伴者，主要表现在参与幼儿园的节日活动、幼儿园的课程活动、幼儿的文化节。幼儿园的节日节气活动，可充分挖掘发挥家长资源，邀请家长成为节日节气的共同策划者，三者协同共同育人；参与幼儿园的课程活动，主要表现在幼儿园在一阶段的课程活动研究后，家长作为课程资源的提供者，邀请家长参与幼儿的课程活动展示，真正发现幼儿园的课程对幼儿发展的真正价值；参与幼儿的文化节活动，一年一度的文化节活动，不仅能体现幼儿园的教育理念，也能看到幼儿的一年的成长，文化节活动由家长共同策划、组织并陪伴幼儿的成长。

（4）1+1+1共协同：家庭、幼儿园、社区

幼儿园在社区自然环境和社区生活氛围、社区设施等，都是幼儿园可以利用的宝贵教育资源，因此，幼儿园主动与社区合作，通过"走出去"和"请进来"，积极发掘和利用社区的各种教育资源，与幼儿园的教育整合。教师带儿童到社区开展教育活动，比如到社区散步和玩耍，感受社区文化，认识和关心周围的人，参加社会实践等，让儿童作为社区的一分子，与社区的自然环境和社会环境亲密接触，享受取之不尽的教育资源。幼儿园与社区资源共享，为社区服务。幼儿园可以采用"请进来"的形式，把社区里不同职业的人士适当适时地请到幼儿园来参与儿童教育，拓展儿童的生活和学习范围，使他们的学习更加具有真实性。发挥幼儿园的教育优势，为社区建设出力。幼儿园具有的智力、人力、物力等资源优势，积极主动地根据社区的需要真心实意地与社区相互配合，实现合作共育。

3. 课程资源协同

课程资源协同即幼儿课程资源协同（图1-12），指幼儿园充分挖掘地区的文化资源、家长资源、高校资源等，切实找准切入点，通过课程共研、基地共建、场馆共享等途径，将各类资源吸纳到幼儿园教育之中。幼儿园与首都师范大学、求实职业学院建立了"家园社协同育人基地"；与社区携手，组织开

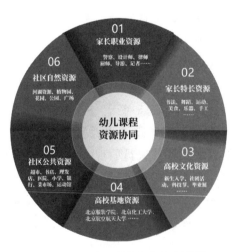

图1-12 幼儿课程资源协同

展"扣好人生第一粒扣子"活动。幼儿园充分挖掘家长资源,邀请厨师、银行工作者、医生、交警、警察、消防员、建筑师等各行各业的家长成为社团活动的客座教师,为家长深度参与指明了方向。优势互补的资源共享,既帮助学校解决了课程资源不足、师资专业度不够、活动场地短缺等难题,助力幼儿园建立了生动开放、多维立体的课程体系,又激发了社区和社会机构的育人活力,为幼儿的全面发展开拓了广阔的空间,建立家园社融合的基础性协同模式。幼儿园家长职业资源及运用如表1-6所示。

表1-6　幼儿园家长职业资源及运用

类别	职业	划分	资源运用
社会服务	教师	小学教师	参观小学、体验小学课程、幼小衔接经验分享
		学科教师	家长进课堂,体验教师
		科研人员(科学家)	科学小讲台、科学小实验、科普知识会
	警察	交通警察	介绍交通规则、交通安全
		民警	自我保护方法
	医生	儿童医生	自我照顾
		其他医生	宣传爱耳、爱眼、爱牙健康
	售货员	售货员	售货方式
	厨师	面点师	面点制作方法
		其他厨师	食物营养、进餐方式
专业技术人员	建筑师	室内设计师	指导设计绘画
		建筑设计师	建筑物搭建
	IT人员	程序员	编程、人工智能
		游戏设计师	AI游戏
	园艺师		花草养植、植物角创设
	茶艺师		茶文化、茶礼仪
	汽车/轮船/飞机制造人员		科普汽车/轮船/飞机制造
国家公职	军人	消防员	参观消防站、消防演练
		武警官兵	进军营实地体验

三、家园社协同育人机制

基于"儿童为本、融合共聚"，家园社协同育人，坚持理念协同和行动协同的价值取向，坚持"儿童为本、平等协商、共建共享、积极互信"的核心理念，我们提出了家园社协同育人的长效机制。

1. 形成了家园社协同育人的议事决策机制

若要家、校、社各方走向深度融合，还需要明确义务和责任，完善决策机制。幼儿园民主监督的议事、决策机制包括三会制度、家长观摩制度、家长评价幼儿园工作制度。设置"三级家委会"，即班级家委会、年级家委会和园级家委会；确立"三会制度"，即代表沟通会、家长月度会、家长代表大会，畅通家园沟通渠道，收集家长议案，向全园家长进行问卷调查，征集家长对幼儿园和家委会工作的意见。实行"家长观课制"，通过教育教学年会、家长开放日等方式，让家长全面走进课堂，了解孩子在园的实际情况。

2. 形成了家园社协同育人的资源共享机制

幼儿园充分挖掘地区的文化资源、家长资源、高校的学术资源等，切实找准切入点，通过课程共研、基地共建、场馆共享等途径，将各类资源吸纳到幼儿园教育之中。幼儿园与首都师范大学、求实职业学院建立了"家园社协同育人基地"；与社区携手，组织开展"扣好人生第一粒扣子"主题活动，幼儿园邀请厨师、银行理财师、医生、交警、警察等来自各行各业的家长成为社团活动的客座教师。优势互补的资源共享，既帮助学校解决了课程资源不足、师资专业度不够、活动场地短缺等难题，助力幼儿园建立了生动开放、多维立体的课程体系，又激发了社区和社会机构的育人活力，为幼儿的全面发展开拓了广阔的空间，构建家园社融合的初级模式。

3. 形成了家园社协同育人的保障机制

家园社协同育人需要幼儿园提供相应的人员、机构、制度和经费等条件保障才能落地。为此，幼儿园以规范建设为抓手，在家园社协同育人过程中稳步推进制度规范化、项目体系化、经费专项化。对此，幼儿园专门组建幼儿成长共同体，成立班级、年级和园级三级家长委员会，每学期依据需要召开一次或多次家委会，传达学校育人和管理理念，倾听家长声音；幼儿园和相关街道签订合作协议，定期为社区散居幼儿、特殊家庭提供专业服务与指导，并形成了《秀园幼儿园与社区联系制度》；在家长走进幼儿园课程过程中，进一步梳理和完善相关流程及负责人员，分工明确、专项到人。

4. 形成了家园社协同育人的激励机制

协同育人的可持续发展，离不开有效的激励机制作保障。幼儿园通过入会宣誓、特色节日、颁奖典礼、年度联欢等方式，对教师、家长和社区工作者进行目标激励、价值激励、荣誉激励和情感激励，形成了以价值认同为引领的激励机制，激发了多方教育力量的价值感、归属感和幸福感，促进家园社多方育人的目标共通、情感共融、价值共生。为了激发家长和教师的参与热情，幼儿园建立了科学合理的激励机制。一方面，可以通过设立专项经费，为家园共育活动提供必要的经费支持，如家庭教育活动、家庭教育指导及家庭教育教师培训等。另一方面，对积极参与家园共育的家长和教师给予表彰和奖励，提高他们的荣誉感和责任感。同时，还可以通过建立家园共育成果展示平台，让家长和教师看到自己的工作成果和贡献，进一步激发他们的参与热情。

5. 形成了家园社协同育人的监督评价机制

重视发挥多元主体的作用，逐步建立健全多元的监管机制。评价的主体包括教师、家长、社区工作者及幼儿。评价的内容多元，不仅由家长对幼儿园课程和教师教育教学进行评价，家长和社区也可对教师家庭教育指导工作进行评价，社区也可对幼儿园社区服务工作进行评价，幼儿园对社区和家长志愿服务工作进行评价，形成互评互促共进的良好局面。评价的方式不仅有他评，更注重自评，形式有问卷调查、电话回访、电子邮箱发送评价报告、现场听评课等多种样式。组建家园社协同育人监督评价领导小组，科学制定协同育人评价指标体系，从协同育人内容、育人方式、育人效果等方面建构起组织化、常态化、规范化的家校社协同育人监督机制。如家长评价幼儿园工作制度：每学期，家长对教师师德、专业能力、家校沟通等进行全面评价，其分值占教师考核总权重的30%。家长的监督对幼儿园教育提出了更高要求，更为幼儿园教育注入了新鲜血液，真正形成了教育合力，促进了幼儿园整体办学水平的提升。

四、家园社协同育人评价效果

为了实现家园社协同育人的教育目标，全面了解三方协同的基本情况，幼儿园探索建立了立体综合的家园社协同育人评价体系。所谓立体综合是指，该评价在评价主体、评价内容、评价方法、评价实施、评价工具等方面呈现出既丰富多元又互相支撑的特征，通过多元化评估手段考察协同共育的实施成效，对四大主体的学习与发展，以及家园社共育工作本身的发展与优化起到有效的参考和启示作用。

评价主体上，多元评价主体共同参与。重视教师、家长、社区人员及幼儿四类主体在儿童学习与发展评价中的重要价值，在教师评价的同时，邀请家长、社区人员和幼儿参与评价，旨在通过多视角提供真实、全面的评价信息，以评价为抓手，提升家长的科学育儿理念和育儿能力，提升教师、家长和社会人员的协同教育能力。

评价内容上，重视多项评价内容。第一，对幼儿学习发展的评价。以教育部《3~6岁儿童学习与发展指南》和"儿童为本、融合共聚"家园社协同育人的培养目标为参考，确立了积极态度、学习能力、健康习惯、社会交往四个方面的评估内容，注重全面性。第二，对教师专业发展的评价。将《幼儿园教师专业标准（试行）》和"儿童为本、融合共聚"家园社协同育人的培养目标（育教师）作为参考，确立了专业理念与师德、专业知识和专业能力，其中包括协同共育的能力。第三，对家长育人素养发展的评价。采取问卷调查和访谈法，对家长育人观念、育儿行为等进行评价，同时辅以教师日常与家长沟通的过程性记录，采取量化和质性相结合的评价形式。第四，对社区工作人员育人素养发展的评价。采取访谈法，加强深入访谈，主要围绕儿童观、教育观、育人能力三个维度进行评价。

评价方法上，多种评价方式相结合。评价方式上采取定性评价与定量评价相结合，量化分析与质性描述相结合。其中定性评价是通过日常观察、随机访谈、作品分析等方式对幼儿发展进行评价，记录幼儿表现，进行质性描述；定量评价是根据幼儿的表现，对照评价标准，确定发展等级，作为学习与发展的支持依据。将评价融入日常活动全过程，并与阶段评价相结合。

第二章
4·18家园社协同育人

第一节　1+1成长模式（家长—幼儿）

一、家长观察游戏环节

爱玩游戏是孩子的天性。幼儿在游戏中成长，在游戏中学习，在游戏中焕发无限的活力。幼儿在游戏中究竟可以获得哪些成长呢？

为了让家长近距离地直接感受幼儿自主、自信、自发的游戏状态，在游戏中发现儿童、理解儿童、体验儿童成长过程的喜悦，幼儿园可提前调研家长需求，邀请家长走进幼儿园，以倾听者、观察者身份走进儿童活动，沉浸式观察或体验游戏内容，感受日常生活中游戏材料在孩子们手中的多变性与创造性。活动开展前，可提前向家长介绍幼儿游戏的主要内容及发展的价值，指导家长在游戏中学会观察，发现并记录幼儿的成长时刻。游戏后，一对一倾听孩子的游戏故事，走进孩子的内心世界，理解并尊重孩子的表达，进一步增加幼儿园、教师和家长的沟通与联系，形成家园合力，助力幼儿健康成长。

 案例一：读懂幼儿游戏　看见成长的力量

■ **活动方案**

活动主题：家长与幼儿共成长——我们一起游戏

活动目标：

1. 家长了解幼儿园在园的一日生活，理解游戏对幼儿发展的价值。

2. 幼儿能够专注投入游戏，能够发现并尝试解决问题。

3. 教师能够在游戏环节对幼儿进行有效指导，引导幼儿根据兴趣自主选择游戏区域、材料及合作同伴。

活动准备：各班区域材料、观察记录表。

活动地点：各班教室。

活动流程：

1. 介绍活动目的及流程。

（1）班级主管教师向家长介绍本次活动的目的、意义和价值；

（2）向家长简要说明各区域的游戏材料及目标。

2. 区域游戏环节。

（1）幼儿自主游戏、自主选择游戏同伴，自主选择游戏材料；

（2）幼儿在游戏环节中能够与同伴协商、合作；

（3）幼儿在游戏环节中能够专注地参与游戏；

（4）幼儿在游戏环节中能够发现并尝试解决问题。

3. 幼儿分享环节。

（1）幼儿在听音乐过程中有序回收玩具；

（2）幼儿能够自主有序地过渡到下一个环节，进行盥洗，准备进行游戏分享。

4. 家长分享环节。

请家长分享活动感受。

活动流程图（图2-1）：

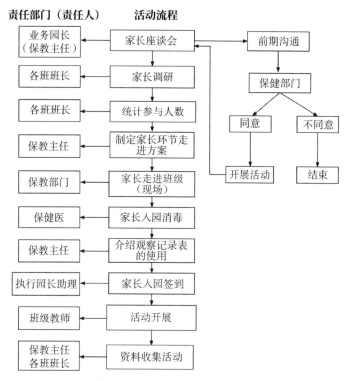

图2-1 "家长与幼儿共成长——我们一起游戏"活动流程图

■ 活动案例

秀园幼儿园区域游戏家长开放活动

×月×日，幼儿园以开放的形式邀请家长走进幼儿园观摩班级游戏。家长们以观察者、倾听者、参与者的身份，深入了解幼儿区域游戏，零距离感受幼儿在园的点滴成长，共同助力孩子们的健康成长。

［阐］活动主旨

本次课程引领下的区域游戏开放活动，各班老师首先对班级当下课程开展进行总体阐述。如中班"一起放风筝""我的黑朋友"，大班"符号趣味多""西游之旅"等，从主题缘起到核心活动的设计与实施细节，教师精准把握幼儿的兴趣点。同时区域游戏坚持以课程为导向，区域游戏环境应创设与主题相关的情境，投放低结构开放性游戏材料，挖掘多元的游戏内容以实现课程活动目标。幼儿通过课程探索建构认识经验，借助区域游戏实现经验迁移，形成游戏与课程的有机衔接。

[观] 区域游戏

家长们走进各班级，参与到区域游戏中。丰富多样的游戏内容、幼儿专注的游戏现场让家长们眼前一亮。通过老师的讲解和引导，家长们了解了不同游戏内容的目标价值，同时也成为幼儿游戏时的观察者与参与者。家长在趣味横生的游戏细节中，切实感受到教师的用心、细心和耐心，感受到孩子们在幼儿园的自主、自信，在探索中发现，在发现中创新。

[享] 游戏提升

游戏后的区域分享，幼儿提出自己在游戏中的困惑、经验，同时与同伴进行互动，给予同伴建议和支持。

幼儿分享与不同材料的互动过程和自己的发现，提出自己的困难。教师通过递进式追问和启发式提问，不断引导幼儿深入思考，帮助幼儿不断积累经验。活动后组织家长根据观察记录表（表2-1）进行反思性研讨。

表2-1 "家长与幼儿共成长——家长观察区域游戏活动"记录表

记录人_____ 班级_____ 家长_____

观察时间		观察地点	
带班教师		配班教师	
观察环节	进餐□　　　　集体活动□　　　　游戏活动□ 户外活动□　　　入/离园活动□		
观察实录	您看到了怎样的教师（可记录教师的语言、行为、方法、组织活动的策略等） 您看到了怎样的幼儿（可记录幼儿对教师的语言、行为、组织等反应）		
您如何理解孩子的游戏过程			
您发现了游戏中孩子哪些发展？举例说明			
参与观察后的感受			

（北京市朝阳区秀园幼儿园　王芳、谷金双、付涵）

（北京市东城区新中街幼儿园　王珊珊）

案例二：走进表演区游戏现场，聆听幼儿成长的欢歌

■ **活动方案**

活动主题："乐"启童心，"音"润成长——表演区游戏家长开放活动

活动目标：

1. 了解幼儿在表演区游戏中的活动情况，理解幼儿园表演区游戏活动的教育价值。

2. 幼儿在表演区能够自主选择游戏内容，用自己喜欢的方式大胆表现，增强自信心和表现力。

3. 教师实施分层指导策略，支持幼儿个性化艺术表达。

活动准备：

1. 表演区游戏相关材料、观察记录表。

2. 家长邀请函。

活动地点：各班教室。

活动流程：

1. 活动开场

介绍活动目的及流程，主班教师向家长介绍本次走进表演区观察活动的目的、意义和价值。

2. 观察前指导

（1）带领家长参观表演区域，介绍表演区开展的主要活动内容和主题；

（2）发放观察指南和活动记录表格，详细讲解观察方式和要点。

3. 游戏观察

（1）幼儿自主选择游戏内容；

（2）家长在指定区域观察和记录。

4. 游戏互动

（1）根据幼儿意愿，邀请家长参与表演区游戏；

（2）互动中继续关注幼儿，进一步观察幼儿的发展情况。

5. 幼儿分享

（1）有序整理游戏材料；

（2）与同伴、老师和家长进行游戏分享。

6. 家长分享

（1）分享在观察过程中发现的幼儿优点及可能存在的问题；

（2）请家长分享参与活动的感受。

7. 教师对活动进行总结，收集家长观察记录表和反馈意见。

活动流程图（图2-2）：

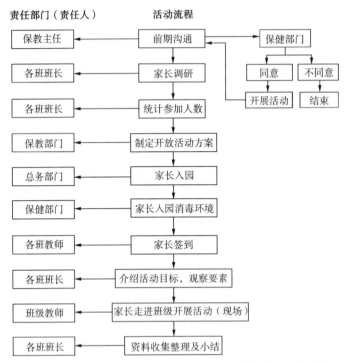

责任部门（责任人）　　　活动流程

保教主任 ← 前期沟通 → 保健部门
各班班长 ← 家长调研　　保健部门 → 同意 / 不同意
各班班长 ← 统计参加人数　同意 → 开展活动　不同意 → 结束
保教部门 ← 制定开放活动方案
总务部门 ← 家长入园
保健部门 ← 家长入园消毒环境
各班教师 ← 家长签到
各班班长 ← 介绍活动目标，观察要素
班级教师 ← 家长走进班级开展活动（现场）
各班班长 ← 资料收集整理及小结

图2-2　"'乐'启童心，'音'润成长——表演区游戏家长开放活动"流程图

■ **活动案例**

丽景幼儿园"乐"启童心，"音"润成长——表演区游戏家长开放活动

　　表演区是一个充满活力与创造力的区域，它为幼儿提供了展示自我、发挥想象力和提升社交能力的平台，是实施教育部《3~6岁儿童学习与发展指南》艺术领域目标的重要载体。表演通过角色扮演满足幼儿的情感需求；借助道具创编，促进社会性发展，培养幼儿自主规划游戏主题、选择合作伙伴的决策能力。表演是幼儿学习和掌握表演技能及接受表演艺术熏陶的有效途径，体现幼儿审美表达与文艺作品再创造的过程。本次观摩活动旨在让家长感受表演区域活动的教育意义，观察幼儿表演区游戏状态及艺术表现力。邀请家长走进班级表演区进行观察，帮助家长理解音乐游戏活动对幼儿发展的价值。

如何开展"乐"启童心，"音"润成长——表演区游戏家长开放活动，引导家长在游戏中进行观察，发现并记录幼儿的成长，需要做好以下几方面：

一、活动前

1. 备孩子：充分了解幼儿现阶段游戏兴趣和需要。通过预体验活动帮助幼儿熟悉观摩流程，减少陌生感，激发他们参与表演的积极性。

2. 备材料：根据幼儿年龄特点和发展水平，筛选符合幼儿认知特点的多元化音乐素材和便于操作的道具和乐器等。

3. 备老师：结合本次活动目标和内容，班级三位教师合理分工。如主班老师主要讲解活动目的和流程，配班老师引导家长合理站位观察，另一名老师做好记录与拍摄等。

4. 备家长：做好观察前的引导，幼儿表演区游戏特点及发展目标介绍，进行观察要点说明，让家长在观察时有明确的目标和依据。

二、活动中

1. 讲解观察方式

一是全景观察法。以此法可对整个表演区进行扫视观察，能够看到幼儿在表演区中的整体活动情况。例如，幼儿在有限空间内的移动方式、与道具及其他幼儿互动模式。在一定时间内持续观察幼儿的表演活动。从表演开始时幼儿的准备状态，如挑选道具、与同伴商量情节等，到表演过程中的各种表现，再到表演结束后的反应，如收拾道具、与同伴交流表演感受等。观察幼儿在不同时间段内的情绪状态和表现。

二是定点追踪观察法。选定目标幼儿，建议家长优先观察其他幼儿，避免主观干预，持续跟踪其在表演区游戏中的活动轨迹。

2. 示范观察和互动

教师可以进行简单的示范，引导家长如何观察。教师观察时与幼儿互动的语言要简练，提问要有助于幼儿理解音乐所表达的情感及对音乐的感受与想象。

3. 观察中适时提示

在家长观察的过程中，教师可轻声进行适时提示，巧妙引导。同时也要提示家长认真观察幼儿游戏，不急于干涉和打断幼儿游戏，给予幼儿自主的游戏空间和时间。

三、活动后

幼儿分享环节：区域游戏后分享，鼓励幼儿提出自己在游戏中的感受、经验或困惑等，教师要通过持续追问和"抛球式提问"引导幼儿深入思考，促进其经验积累。引导幼儿比较客观地评价自己和他人的表演，听取他人对表演有帮助的建议，不断提高表演水平。

家长分享环节：注重鼓励家长积极主动参与到分享环节，可将家长进行分组，邀请家长代表分享观察记录和心得体会；还可以通过提问的方式引导家长深入思考幼儿的表现。例如，"您从幼儿的表演中发现他有哪些优秀的品质？"针对幼儿在表演游戏中的具体表现，教师可以提出一些有针对性的问题，如"您看到有的小朋友在表演中遇到了小矛盾，您认为这对他们的成长有什么意义呢？"

教师分享环节：感谢家长的积极参与和支持。针对家长的观察结果进行总结，回答家长的疑问，进一步解读幼儿表演区活动背后所反映的幼儿发展特点和教育需求，革新家长教育理念。同时，鼓励家长在生活中继续关注幼儿游戏活动，为幼儿提供更多的表演机会，促进幼儿全面发展。

（北京市朝阳区丽景幼儿园　芪静雅、毛雪、陈颖）

 案例三：共观、共听、共成长——在倾听中发现幼儿

■ **活动方案**

活动主题：共观、共听、共成长——在倾听中发现幼儿

活动目标：

1. 家长亲身观察孩子的游戏表现，理解游戏对孩子成长的关键作用。

2. 家长通过倾听幼儿心声，尝试分析幼儿的发展，发现孩子的发展潜力。

3. 提高家长对教师的专业认同，加深家园信任，拉近家园距离。

活动准备：

1. 家长参与活动报名表。

2. 班级各类材料、记录表（表2-2）。

3. 教师熟悉每个孩子的近期兴趣和发展状况。

4. 规划安全事宜的家长观察区。

活动地点：各班级自主游戏活动场地。

活动流程：

1. 介绍活动目的及流程。

（1）介绍本次活动的目的、意义和价值；

（2）向家长简要说明各类游戏材料、玩法和游戏价值。

2. 自主游戏环节。

（1）幼儿自主选择地点、自主选择游戏同伴，自主选择游戏材料；

（2）幼儿在自主游戏环节中能够与同伴协商、合作；

（3）幼儿在自主游戏环节中能够专注地参与游戏；

（4）幼儿在自主游戏环节中能够发现问题并尝试解决问题。

3. 幼儿分享环节。

（1）观看幼儿的游戏故事；

（2）教师根据孩子的自主游戏进行总结，分析孩子在自主游戏中的发展，并解释教师如何通过倾听与观察来提供支持；

（3）家长分享收获，聊一聊对幼儿的新发现。

活动流程图（图2-3）：

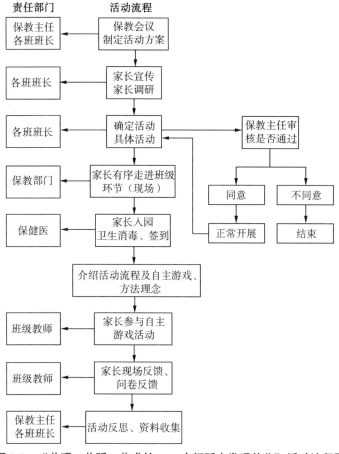

图2-3 "共观、共听、共成长——在倾听中发现幼儿"活动流程图

■ **活动案例**

共观、共听、共成长——自主游戏家长开放活动

西坝河第一幼儿园秉承"以儿童为中心"的教育理念，基于"儿童的视角"进行自主游戏的实践与探索。本次活动邀请家长走进园区，观摩班级自主游戏。

[观] 自主游戏

家长们作为观察者与参与者，深入到孩子们的游戏世界中。通过教师的支持，家长看到孩子是如何与材料、同伴、教师进行互动的。教师引导家长更多观察孩子的情绪状态是否积极投入，引导家长注意倾听幼儿的对话寻找兴趣点或问题，引导家长关注同伴间的交往及教师的支持体现在哪里。

[感] 一对一倾听与分享

在游戏过程中及游戏后，班级开展一对一倾听环节。提示家长可以通过幼儿的儿童绘画法、录音法、拍照、表演法、作品展示等方式倾听幼儿对游戏的感受和设想。家长们发现孩子们表达了自己在游戏中的发现，还提出了在游戏中遇到的困惑与挑战。

熹熹小朋友在一对一倾听环节通过自己的游戏故事反思自己在设计履带消防车时遇到的问题及解决的办法，家长在这个过程中看到了幼儿的学习，并反馈说："以前在家里他不会时，我都是直接告诉他，没想到他在幼儿园自己琢磨出来了，在老师的引导下还教给了别人，这让我很惊喜。"

[研] 在游戏故事中发现兴趣及需求

以熹熹的游戏过程及游戏故事为例，教师与家长基于儿童的已有经验及发展需求进行了探讨：双方认可幼儿对消防车的兴趣和探索热情。家长提出，幼儿对消防车的种类认知较好，在游戏中注意力非常集中，且展现出丰富的想象力和创造力。但是教师提出，幼儿对于消防车的外形和功能不够熟悉。教师采取"家长先支招，教师后补充"的策略得出讨论结果：

1. 家园共育的方式使得消防车玩具和消防绘本被带到幼儿园，教师将这些材料摆放在幼儿可随时取放的位置，让熹熹在自主游戏中能随时使用和探索。

2. 家长可以预约参观幼儿园旁边的消防队，近距离观察消防车的结构。

3. 支持熹熹将自己创造的消防车，分享给其他孩子和家长或消防队，

进一步提升他的自信与创新能力。

［悟］家长交流分享感悟

活动结束，请家长结合今天的观察活动谈一谈自己的收获，讨论如何将"倾听—分析—支持"的方法应用于家庭生活中，以更好地了解儿童、支持儿童。

表 2-2　家长参与幼儿自主游戏记录表

班级：	幼儿姓名：	
自主游戏活动过程		
倾听	家长记录观察儿童游戏的过程，包括儿童语言、肢体动作、游戏内容及遇到问题等	
分析	简单写出自己分析到孩子的已有经验	
	结合孩子的反思尝试写出孩子的发展需要	
您看到了怎样的教师？	您看到了怎样的儿童？	
您如何理解孩子的游戏过程？		
通过参与儿童自主游戏活动，您有什么样的感悟？		

（北京市朝阳区西坝河第一幼儿园　蔡晨圆、李怡、李真）

二、家长观察集体活动环节

集体活动是幼儿一日活动中的重要环节，是帮助幼儿将自发经验转化为系统认知的重要途径。扩展儿童集体教育活动是教师基于幼儿的兴趣及发展目标制定的以游戏活动为主要组织形式的集体化的互动学习过程。

为了让家长更直观地了解幼儿的学与教师的教，幼儿园需要选择适宜的教学活动内容，便于家长在观摩的过程中看到幼儿的学习特点且直观地感受到教师的支持作用，同时又能适当地参与，以真实的体验感受教学活动的目标导向和教育意义。同时幼儿园需要给予家长分享互动交流感受的机会及适当的家庭指导建议。

案例一：游戏里的成长故事

■ **活动方案**

活动主题：家长与幼儿一起，在快乐中享受游戏里的成长故事

活动目标：

1. 家长观察幼儿自主游戏活动后的集体分享，提升家长对幼儿游戏行为的解读能力，构建家园社协同育人机制。

2. 通过集体分享，提升幼儿的成就感和增强其自信心。

3. 通过共同参与活动，加深家长与孩子之间的情感联系。

活动准备：区域材料、表演的服饰、观察记录表（表2-3）等。

活动地点：各班教室。

活动流程：

1. 介绍活动目的及流程。

（1）教师向家长介绍本次活动的目的、意义和价值；

（2）教师提供观察建议，帮助家长了解如何有效记录和分析幼儿在集体活动中的行为。

2. 集体活动时间——分享我们的游戏故事。

（1）师幼共同回顾自主游戏情景，引出游戏分享活动；

（2）幼儿自主选择小组、个人等方式，选择游戏材料及角色分享自己的游戏过程；

（3）家长观察幼儿在游戏中的互动，记录他们在团队合作中的表现，以及解决问题的能力。

3. 家长参与分享环节。

（1）家长分享在观察中的发现和感受，可以讲述孩子们在游戏中的亮点。

4. 总结与感谢环节。

（1）主班教师进行活动总结，感谢家长的积极参与与精彩分享；

（2）强调自主游戏后的集体分享环节对幼儿成长的意义。

5. 收集反馈。

（1）向家长发放反馈问卷，收集他们对活动的意见与建议。

活动流程图（图 2-4）：

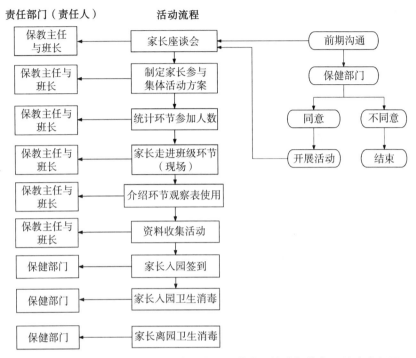

图 2-4　"家长与幼儿一起，在快乐中享受游戏里的成长故事"活动流程图

■ **活动案例**

游戏里的成长故事
——枣营幼儿园集体活动家长开放活动

　　在一个阳光明媚的上午，枣营幼儿园大二班迎来了一次特别的家长开放日。此次开放日的重点环节是观察幼儿集体活动，旨在让家长亲身体验孩子们在幼儿园的学习与生活状态，增进家园之间的沟通与理解。

　　自主游戏活动结束后，孩子们开始了集体分享环节。此时，活动室里洋溢着欢声笑语，孩子们眼含期待。他们依次上台，用稚嫩的语言和生动的动作，向在场的所有人展示自己的作品。有的孩子分享了自己制作手工的过程，有的则讲述了其作品背后的故事或寓意。

　　在分享过程中，孩子们不仅锻炼了表达能力，还学会倾听他人并尊重伙伴。他们认真聆听其他小朋友的分享，不时发出赞叹和掌声。这种积极的互动氛围，让家长们深感欣慰。

　　家长们在观察过程中，也被孩子们的表现所感动。他们看到了孩子们在集体活动中的成长和进步，感受到了幼儿园教育的魅力和价值。一位家长表示："我平时工作忙，很少有时间陪孩子。今天来到幼儿园，看到孩子们这么开心、这么自信，我真的很感动。我要更加珍惜和孩子在一起的时光，多陪伴他们成长。"

　　在集体分享环节结束后，老师们还组织了一个简短的家长交流会。家长们纷纷分享自己在观察中的感受和心得。他们表示，通过今天的活动，对孩子们在幼儿园的学习和生活状态有了更深入的了解，也更加信任和支持幼儿园的教育工作。

　　老师们也借此机会，向家长们介绍了幼儿园的教育理念和教学方法。他们强调，幼儿园教育不仅要注重知识的传授，更要关注孩子的情感发展和社交能力的培养。通过有组织的集体分享等活动，孩子们在教师引导下逐步学会倾听、表达和合作技巧，为未来的学习和生活打下坚实的基础。

　　此次家长进校园观察幼儿集体分享环节的活动，不仅增进了家园之间的沟通与理解，还让家长们更加了解孩子们在幼儿园的日常表现和成长状况。同时，通过孩子们的分享和互动，也锻炼了他们的表达能力和社交能力。这样的活动，对于促进孩子们的全面发展具有重要的意义。

　　未来，幼儿园将继续举办类似的家长开放日活动，让更多的家长有机会走进幼儿园，直观了解幼儿在园发展样态。同时，幼儿园也将持续优化课程内容，创新互动式教学方法，为孩子们提供更加优质的教育服务。

表 2-3　"家长与幼儿共成长——家长观察集体活动"记录表

记录人_____　班级_____　家长_____

观察时间		观察地点	
带班教师		配班教师	
观察环节	进餐□　　　　　集体活动□　　　区域活动□ 户外活动□　　　入/离园活动□		
观察实录	您看到了怎样的教师（可记录教师的语言、行为、方法、组织活动的策略等） 您看到了怎样的幼儿（可记录幼儿对教师的语言、行为、组织等反应）		
您如何理解孩子的游戏过程？			

续表

您发现了游戏中孩子哪些发展？举例说明	
参与观察后的感受	

（北京市朝阳区枣营幼儿园　许京磊、雷冉冉、辛震）

 案例二：走进游戏课堂　理解幼儿学习

■ **活动方案**

活动主题：家长进课堂——看见不一样的"你"

活动目标：

1. 家长观察幼儿在集体活动中的表现，了解幼儿的学习方式。

2. 教师应运用游戏化教学、关键提问、示范讲解、适时鼓励等方式，引导幼儿在集体活动中充分展现自我、收获成长。

活动准备：

1. 通知与沟通：幼儿园应提前1—2周向家长发出邀请函，明确集体活动的主题、时间、地点及观察要点，鼓励家长积极参与。

2. 观察工具准备：准备活动记录表（表2-4），便于家长在观察过程中记录关键信息。家长可选择携带拍摄设备（如相机或手机），捕捉孩子们在活动中的精彩瞬间，作为后续分享和讨论的依据。

3. 各班集体活动设计及相关材料。

活动地点：各班教室。

活动流程：

1. 介绍活动目的及流程。

（1）主班教师向家长简要介绍本次集体活动的背景、目标、流程及注意事项；

（2）帮助家长明确观察重点。

2. 集体活动环节。

（1）通过故事、谜语、问题、游戏等方式引入活动，激发幼儿的兴趣和好奇心；

（2）教师依据活动目标及幼儿发展水平，灵活采用分组活动或集体参与形式。分组时，教师应考虑幼儿的性格、能力等因素，确保每组幼儿都能得到均衡发展。对于全班集体参与的活动，教师要明确活动规则，引导幼儿遵守规则，积极参与活动，可以采用轮流发言、小组竞赛等方式，让每个幼儿都有机会参与到活动中来；

（3）幼儿在活动中动手操作、交流讨论、小组探索新知识，发展各项能力；

（4）设置成果展示环节，组织幼儿进行作品讲解与活动反思。

3. 家长分享环节，请家长分享今天参与活动的感受。

■ 活动案例

丽景幼儿园早期阅读活动家长开放活动

环境创设：营造沉浸式阅读体验

优质的阅读环境能有效培养幼儿的阅读兴趣。因此在活动筹备之初，班级教师开始打造班级及公共区域的阅读环境。经过精心布置，各班级的阅读角被赋予了新的生命，不仅色彩搭配和谐、布局合理，而且每一处细节都透露出对孩子们阅读需求的细心考量。五彩斑斓的图书按照主题和年龄段精心分类摆放，既便于孩子们自主选择，又能激发他们探索未知世界的兴趣。柔软的坐垫、柔和的灯光、温馨的装饰，共同营造出一个个充满温馨与吸引力的阅读小天地。这样的环境创设，让孩子们在踏入阅读角的那一刻起，便能感受到阅读的乐趣与魅力，从而自然而然地沉浸其中，享受阅读时光。

活动设计：多元化与个性化并重

在集体阅读展示环节，教师们充分展示了其在阅读活动设计上的多元化与个性化并重的理念。针对不同年龄段的幼儿，教师们精心挑选了适宜的绘本材料，并设计了丰富多彩、形式多样的阅读活动。对于小班的孩子，教师采用生动讲述、角色扮演等方式，引导他们初步感受阅读的乐趣；中班的孩子则在教师的引导下，尝试自主翻阅绘本、参与互动游戏，逐步提升他们的阅读能力和参与感；而大班的孩子们则有机会通过情景剧表演、故事讲述等形式，充分展现他们的阅读素养和创造力。这种多元化的活动设计，不仅满足了不同年龄段幼儿的阅读需求，也促进了他们个性化的发展。

观察与反思：促进亲子关系与教师专业成长

在活动中，家长们作为旁观者不仅见证了孩子们在阅读活动中的表现与成长，也通过亲子互动环节更加深入地了解了孩子的阅读兴趣与需求。该过程既有助于家长们优化亲子阅读策略，提升共读质量；也为教师们提供了宝贵的反馈与建议，帮助他们更加精准地把握孩子们的阅读需求与特点，从而优化教学策略和方法。

情感共鸣：激发阅读兴趣，培养终身阅读习惯

幼儿园的阅读教育活动不仅仅关注孩子们在阅读技能上的提升，更注重激发他们对阅读的兴趣和热爱。在活动中，无论是生动有趣的绘本故事、丰富多样的阅读形式，还是温馨舒适的阅读环境，都在无形中传递着阅读的乐趣与价值。这种情感上的共鸣与引导，让孩子们在享受阅读的过程中逐渐形成对阅读的深厚感情和内在动力。这种内在动力将伴随孩子们一生，成为他们不断探索未知、追求知识的强大动力源泉。活动尾声特别设置家长交流环节，为家长搭建起展示与分享的平台。几位家长代表分享了自己在家庭中培养孩子阅读兴趣的经验与心得，这些真实的案例和宝贵的建议不仅让其他家长受益匪浅，也增强了他们对幼儿园早期阅读的理解和支持。同时，教师团队系统阐释幼儿园在早期阅读方面的具体做法与成效，进一步加深了家园之间的沟通与联系。这种紧密的家园合作，不仅有助于形成教育合力，共同促进孩子们的阅读发展，也为幼儿园早期阅读课程的持续优化提供了有力支持。

表2-4 "家长进课堂——看见不一样的'你'活动"记录表

记录人_____ 班级_____ 家长_____

观察时间		观察地点	
带班教师		配班教师	
观察环节	进餐□ 集体活动□ 游戏活动□ 户外活动□ 入/离园活动□		
观察实录	您看到了怎样的教师（可记录教师的语言、行为、方法、组织活动的策略等） 您看到了怎样的幼儿（可记录幼儿对教师的语言、行为、组织等反应）		
您如何理解孩子的学习过程			
您发现了活动中孩子哪些发展？举例说明			
参与观察后的感受			

（北京市朝阳区丽景幼儿园 蒋华青、刘琳、张梦迪）

案例三："书香润童心　阅读共成长"家长观察集体活动

■ **活动方案**

活动主题：书香润童心　阅读共成长

活动目标：

1. 帮助家长了解幼儿园集体活动形式，理解其对幼儿认知发展社会性培养的促进作用。

2. 观察幼儿在阅读活动中的表现，学习科学的阅读指导策略，提升家长的育儿能力。

3. 借助家长参与的力量，宣传阅读的重要价值，增强家庭开展亲子阅读的意识。

活动准备：集体教学活动教案、绘本演示文稿、绘本、制作书签的材料。

活动地点：班级教室。

活动流程：

1. 活动前：

（1）通过班级群等方式向家长介绍本次活动的目的、意义和价值；

（2）以问卷形式了解家庭中开展亲子阅读的方式和频率，以及家长对于幼儿自主阅读能力的关注程度；

（3）准备绘本、阅读标签及家长参与亲子活动的材料。

2. 活动当天：

（1）向家长介绍活动流程，做好温馨提示，如手机静音、不打扰幼儿参与自主阅读活动的过程等；

（2）向家长讲解活动设计思路，重点了解与幼儿互动指导要点；

（3）开展语言领域集体活动"彩虹色的花"；

（4）家长与幼儿共同开展故事续编或创编，充分发挥其想象力、创造力；

（5）家长与幼儿共同制作书签。

3. 活动后：

（1）通过家长问卷、一对一沟通等方式了解家长对集体活动的看法和建议；

（2）教师及时总结活动效果，并根据家长反馈意见不断改进，为下一次活动的完善提供依据。

活动流程图（图2-5）：

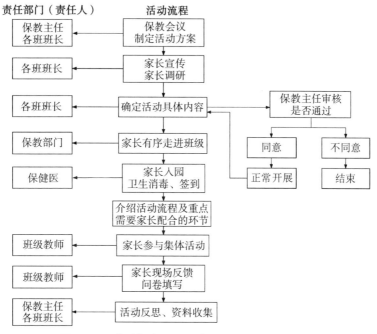

图2-5　"书香润童心　阅读共成长"活动流程图

■ 经验分享

"书香润童心　阅读共成长"亲子阅读活动

×月×日，幼儿园邀请家长走进班级，近距离观看幼儿与教师的互动。直观地了解幼儿的学习方式及教师的引导支持方式，从而更好地参与和支持幼儿园的各类工作，形成家园合力，促进幼儿全面发展。

［明］活动目标

开展亲子阅读活动的核心目标是激发幼儿的阅读兴趣，培养阅读习惯，并帮助幼儿掌握一定的阅读策略。家长的互动式伴读，能够让幼儿在阅读活动中既能享受亲情，又能促进家长与幼儿共同成长。在亲子阅读过程中家长要以积极阅读者的形象引导幼儿投入到阅读活动中，通过共同阅读、你说我答、换位观察、正面评价等方式引导孩子理解图书的内容，提升亲子阅读的质量。

亲子阅读后，教师组织家长交流反馈，共同梳理活动中的收获与发展，形成家园教育共识，使家长成为幼儿阅读的引路者。

［定］教学内容

集体教学活动既需围绕课程目标，贴近幼儿的发展需要，也要了解家长的需求，考虑亲子互动性。活动开始前，通过家长问卷了解到许多家长只知道要给孩子买书，却不知道买什么书，买了书后又不知道如何科学指导孩子阅读，也有很多家长反映不知该怎样指导孩子阅读。

结合幼儿中班年龄特点和近期发展目标，教师选择开展帮助阅读为主的自主阅读活动。根据幼儿的行为表现及社会交往逐渐增多的实际情况，最终确定了将绘本故事《彩虹色的花》作为集体教学活动的内容。活动开始前，教师面向家长进行说课，介绍活动的具体内容和需要家长配合的环节，帮助家长理解教师支持行为背后的教育理念。

［促］幼儿发展

在《彩虹色的花》阅读活动中，教师通过观察与猜测方法、颜色标签标记法激发幼儿阅读兴趣和分享积极性。之后利用讲述提问等方法引导幼儿通过观察画面变化猜测故事情节，逐步掌握自主阅读的方法。最后利用开放式结尾，鼓励幼儿根据故事情节，创编故事并与同伴、教师和家长分享。

本次活动以绘本为载体，帮助幼儿学会阅读、爱上阅读，并提升其观察、想象、讲述和倾听等综合能力。家长作为观察者、参与者、倾听者、学习者，既能直观看到孩子在集体教学中的表现，发现其优点和不足，也能更好地理解幼儿的学习方式，同时体会到了亲子阅读的重要意义。

［强］家园共育

活动后教师为家长提供了一些在家庭中开展阅读的建议：

1. 推荐符合孩子年龄特点、适宜阅读的绘本读物。

2. 创设家庭阅读角，营造阅读氛围，激发幼儿自主阅读的兴趣。

3. 提供绘画纸、玩偶、卡片等支持幼儿将故事内容表演出来，直观地理解故事内容。

4. 引导幼儿观察画面之间的联系，借助小书签等帮助幼儿学会自主阅读，共读时，家长多通过开放性问题引导幼儿想象和理解，帮助其爱上阅读。

5. 建议家长每天固定抽出 5~10 分钟的亲子共读时间，可以选择在晚饭后或者睡觉前，让孩子能够静下心来看书，让亲子共读成为日常生活的一部分，潜移默化地影响幼儿。

附家长参与教学活动调查问卷（图 2-6）、反馈问卷（图 2-7）。

家长参与教学活动调查问卷

家长您好!

为更好地做好家园沟通,了解家长需求,在开展家长参与集体教学活动前做此问卷,感谢您的配合!

1.幼儿姓名(填空)

2.对于本次活动您是否明确活动价值和意义?(单选题)是　否

3.您能参与本次活动的时间?(多选)周四 9:00-10:00 周五 9:00-10:00

4.是否需要假条?(单选题)是　否

5.您最期待参与的教育活动内容为?(排序)

健康领域活动　语言领域活动　社会领域活动　科学领域活动　艺术领域活动

6.对于参与集体教学活动您有哪些困惑和需求?(填空)

图2-6　家长参与教学活动前调查问卷

家长参与教学活动反馈问卷

尊敬的家长朋友:

感谢您百忙之中参加此次活动,为了更好地了解您对本次活动效果的看法,并进一步与家长沟通,我们特制定此问卷,希望您能抽出几分钟填写。我们将根据您的反馈,不断优化家园共育工作,共同促进孩子的全面发展。

1.您通过此次活动对幼儿在园情况是否有了更多的了解?(单选题)

非常了解　了解　还是不太了解

2.您对幼儿发展水平是否有了更多了解?(单选题)

非常了解　了解　还是不太了解

3.您认为教师是否通过集体教学活动支持幼儿获得全面发展?(单选题,选"是"跳转第四题)

是　否　不太清楚

4.您发现了游戏中孩子的哪些发展?(填空)

5.您觉得教师提供的教育建议对您是否有帮助?(单选题)

非常有帮助　有帮助　还是不太有帮助

6.您对本次活动的整体满意度如何?(单选题)

非常满意　满意　不满意

7.您对幼儿园的家园共育工作有哪些意见和建议?(多选题、填空)

家长参与教学活动的组织与安排_____

家长参与教学活动的开展_____

家长意见和建议的反馈_____

其他_____

8.您希望教师在哪些方面为您提供更多的支持与帮助?(多选题、填空)

家庭教育指导_____

亲子活动_____

儿童成长咨询_____

家长交流平台_____

其他_____

图2-7 家长参与教学活动后反馈问卷

(北京市朝阳区西坝河第一幼儿园　王倩、刘星、孟祥芳)

三、家长观察幼儿进餐环节

进餐环节是幼儿生活活动的重要环节之一,良好的进餐习惯和均衡营养的餐食是保障幼儿全面健康成长的基础。

首先，家长通过观察幼儿进餐，能更好地了解孩子的饮食习惯和偏好，从而调整家庭饮食结构，确保孩子摄入均衡营养。其次，可以了解孩子的自理能力，比如孩子是否能够独立使用餐具、是否会自己收拾餐具等。家长可以根据观察结果在家中加强培养，与幼儿园一起培养孩子的生活自理能力，为孩子的未来发展奠定基础。最后，能及时发现孩子可能出现挑食、偏食、食欲不振等情况，家长和老师可共同分析原因，采取针对性的措施引导孩子改善。比如通过故事、游戏等方式培养孩子良好的饮食习惯，或者在食材种类和烹饪方式上尝试创新。总之，家长观察幼儿进餐是家园共育的重要途径之一。它能够让家长和老师更加深入地了解孩子，共同为孩子的成长营造良好的饮食环境和教育氛围，助力孩子茁壮成长。

 案例一：观色 品味 论健康发展

■ **活动方案**

活动主题：家园共成长——香喷喷的自助餐

活动地点：各班教室。

活动流程：

1. 进园接待：家长到园后，签到、领取观察记录表，保健医介绍本餐次搭配原则及营养价值，保教部门教师向家长介绍在观察环节中可关注的幼儿成长点。

2. 进餐环节：

（1）餐前准备：班级教师组织幼儿进行餐前准备活动；

（2）进餐指导：教师根据幼儿表现进行随机指导，如提示幼儿保持正确坐姿，指导其规范使用餐具等；

（3）观察与照顾：进餐过程中，观察每个幼儿的进餐情况，对有特殊饮食需求的幼儿，教师予以特别关注；

（4）餐后整理：进餐结束后，引导幼儿自主有序地进行餐后整理工作，如：清理桌面、收拾餐具等。

3. 活动总结：进餐环节结束后，保健医或保教部门相关人员与家长进行交流，向家长介绍幼儿本学年在进餐环节的培养目标及表现与进步。向家长收集本次活动意见和建议，以便后期优化进餐环节的管理。

■ **活动案例**

枣营幼儿园进餐环节家长开放活动

自助餐是幼儿喜欢并期待的餐饮形式之一，幼儿喜欢自助餐丰富的菜品，期待着自助餐给他们带来的每月惊喜。以往每月自助餐都是由保健医设计和安排，2023年最后一次自助餐却有些不同，幼儿园以家长进校园的形式邀请家委会成员走进幼儿园观摩幼儿自己组织策划的一次自助餐。

自助餐来啦！

10月，中一班小朋友们自主设计一日食谱，并向全园幼儿调研他们食谱的"满意度"。这引发了全园小朋友的热议，每个班的小朋友都想尝试自己制订食谱，在老师与小朋友们共同的协商与讨论下，我们确定了以抽签的方式，每班设计一项自助餐的食物，分为主菜、小吃、主食、汤羹，由班级幼儿自主决策抽到的食物内容。

自助菜单我来定

我们班抽到的是甜品，孩子们对于制订菜单的热情高涨，争相将自己喜欢的食物列入菜单，这时候善善在旁边悄悄地跟我说："他们的菜单里都是垃圾食品。"善善的话立马吸引了小朋友们的注意力，我们的菜单里都是蛋糕、巧克力派、甜甜圈，这些食物合适吗？小朋友可以吃哪些小吃呢？我们鼓励孩子们回家询问家长除了我们提到的这些小吃还有哪些是适合小朋友的。

果然，到了第二天，我们的小吃选项变多了：驴打滚、切糕、水果蛋挞、蜂蜜蛋糕等，原来小吃也可以有这么多选择，经过小朋友的投票决定，我们最终选择了水果蛋挞，并且为蛋挞选择了蓝莓、草莓和猕猴桃三种水果，于是，一款营养又美味的小吃登上了我们的自助菜单。

美味自助共分享

自助餐当天我们请家长全程参与孩子们的餐前准备，从值日生的分工到叠桌布、放筷子，每一件事情都是孩子们相互协商，共同配合完成，在分发筷子时还发生了一个小插曲，悦悦检查时发现诺诺数错了筷子数量，不仅帮忙纠正并且鼓励道："来，我来考考你，下一个盘子你来放。"家长们忍俊不禁，纷纷使用手机记录孩子们的精彩瞬间，当孩子们的值日任务完成后，天天走到睡眠室对老师说："我们准备好了可以请第一组来了。"孩子们井然有序地完成了值日工作，逗逗妈妈感慨道："在家里我们什么活都舍不得让她干，原来她在幼儿园可以做得这么好！"喜悦爸爸也说道：

"她们真的是长大了啊！"

餐前准备结束后孩子们和家委会成员们一起共进午餐，在选择自助餐时，孩子们会向家长们进行推荐，"这个菜我最爱吃了"，"我爱吃青菜因为青菜有营养"。孩子们七嘴八舌地推荐着他们喜欢的菜品。在需要添饭添菜时熟练地使用夹子、勺子等常用工具，都体现了教师日常对于幼儿的常规培养。家长的困惑在这一个个小小细节中都得到了解答。

听见你的声音

在自助餐结束后，家委会成员们和老师一起倾听了孩子们对于这次活动的感受，在孩子们自主策划自助餐的过程中，他们真切地感受到了自己是幼儿园的小主人。

同时，家长也通过这次活动看到了幼儿的成长与进步。另外，在观摩过程中，家长可以看到幼儿园食堂的实际情况，包括食堂的环境、食品的储存和处理过程、餐具的清洗和消毒等。家长和孩子们一样期待着下一次的精彩活动！

（北京市朝阳区枣营幼儿园　邓瑞红、陶晶辉、郭雅军）

案例二：美味共享——我们一起尝美食

■ 活动方案

活动主题：美味共享——我们一起尝美食

活动目标：

1. 家长了解幼儿园在园的进餐情况，增强家园之间的沟通和信任。

2. 幼儿在进餐环节能保持良好的进餐习惯。

3. 教师和家长共同探讨幼儿良好饮食习惯的培养，促进家园共育。

活动准备：

环境准备：进餐前的环境准备，包含餐具的发放，桌椅、小餐巾的摆放等。

物质准备：餐具、餐布、餐巾纸。

活动地点：各班教室。

活动流程：

1. 家长签到后进入幼儿园，在指定区域就座参加座谈会。

2. 园长介绍本次活动的主题和内容。

3. 保健主管介绍食堂卫生标准、管理办法及幼儿食谱的定制。

4. 保健主管邀请家长参观食堂。

5. 家长分散进入各班级参观幼儿进餐活动。

（1）主班教师向家长介绍本次活动的目的、意义和价值。

（2）班级教师向家长介绍班级幼儿今日食谱和就餐流程。

6. 幼儿就餐环节。

（1）中大班：就餐前由当天的小值日生穿戴小围裙，进行菜谱播报和值日生工作；

（2）幼儿在老师组织下有序分组入座就餐；

（3）幼儿在用餐结束后主动进行餐后整理，如送餐具、整理餐桌等；

（4）幼儿餐后主动擦嘴、漱口。

7. 家长就餐环节。

家长结束班级观察后，进入餐厅品尝幼儿园餐食。

8. 家长分享环节。

（1）请家长分享今日美食品鉴会的感受和改进建议。

（2）保教主任对本次活动进行总结，感谢家长的参与和支持。

活动流程图（图2-8）：

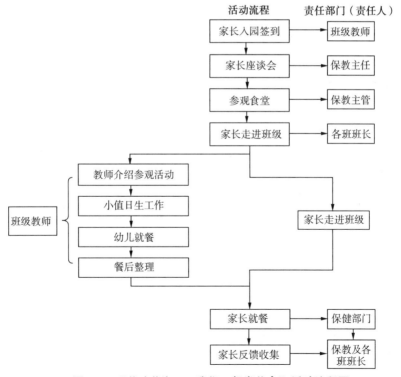

图2-8　"美味共享——我们一起尝美食"活动流程图

■ 活动案例

幼儿园美食品鉴会

幼儿园向家长朋友们发出了美食品鉴会的邀请。饮食健康与安全是家长和幼儿园共同关心的问题，为了让家长更加清楚地了解孩子们在幼儿园的饮食情况，提升幼儿园在饮食管理上的水平，我们邀请家长作为参与者、评价者、监督者来参加美食品鉴会。

[听] 膳食管理

本次美食品鉴会的第一站是一场温馨的座谈会。园长亲切地向家长们介绍了这次活动的主题和内容，并表示对家长的热烈欢迎。然后由保健主管介绍食堂卫生标准、管理办法及幼儿食谱的制订。食堂的卫生情况也是家长特别关心的，所以保健主管协同园长一起向家长介绍了食品原材料的进货渠道、采买要求及食品制作工序等食堂管理工作，让家长们感受到幼儿园食堂管理的规范化、系统化、精细化。

[观] 舌尖美食

在保教主任的邀请下，家长们走进各班级，作为班级的一分子参与到幼儿的进餐环节中。中大班的哥哥姐姐们已经具备了一定服务自己和同伴的能力。进餐前他们向全班小朋友介绍今天的菜谱，中班小朋友简单介绍每道菜的名字，大班小朋友除了菜名还能简单介绍一下菜品的营养成分等，在激发幼儿进餐兴趣的同时，普及膳食营养知识。接下来，随着轻柔的音乐，小朋友分组有序地入座开始进餐，家长此时作为班级的一分子也随着小朋友入座并观察幼儿的进餐情况。在这个过程中老师依次为幼儿打饭，并温柔提醒注意幼儿饭菜搭配、细嚼慢咽，同时关注个别进餐习惯不太好的小朋友调整自己的行为，鼓励幼儿不挑食，引导其合理荤素搭配。小朋友们则安静地享用美味的饭菜，需要添饭添菜的小朋友也会向老师举手示意。随着大部分幼儿进餐的结束，家长跟随班级老师和幼儿来到了楼道散步，老师们带小朋友们排成一队，背一背古诗、念一念儿歌。散步环节，可帮助小朋友消化刚刚吃下的饭菜。

[品] 回味无穷

观察完了幼儿在幼儿园完整的进餐环节，在园长和保教主任的陪同下家长们终于也来到餐厅开始品尝今天的午饭，家长与园方人员围坐交流，分享观察心得。午饭结束后，园长与保教主任正式邀请家长就班级进餐环节或食堂管理提出建议。

通过亲身体验，家长们全面了解了孩子在园的用餐情况与食堂管理的流程，同时也根据自己在整个过程中的感受为幼儿园提出建议，帮助幼儿园食品管理和就餐流程更完善，同时也让幼儿能够健康成长。

（北京市朝阳区丽景幼儿园　张倩、杨晓、王晓亭）

 案例三：亲历加餐时光　陪伴幼儿成长

■ 活动方案

活动主题：亲历加餐时光　陪伴幼儿成长

活动目标：

1. 了解教师组织幼儿在园的加餐流程与具体内容。

2. 家长通过观察教师餐前准备、幼儿餐中自主有序开展，了解幼儿加餐环节中的卫生情况。

3. 观察幼儿加餐时的行为，了解幼儿加餐环节中良好饮食习惯养成的重要性。

活动准备：餐桌消毒用具、餐具、加餐食物，记录表（表2-5）。

活动地点：班级活动室。

活动流程：

1. 介绍活动目的及流程。

（1）主班教师向家长介绍本次活动的目的、意义和价值；

（2）向家长简要说明加餐观摩流程。

2. 餐前准备展示。

（1）保育老师按时对加餐车、桌面进行深度清洁，请家长观看清洁流程；

（2）邀请值日生进行加餐介绍或根据照片图示取餐；

（3）幼儿轮流洗手、落座进行加餐。

3. 幼儿加餐环节。

（1）幼儿结束自主游戏与自主表征环节，有序洗手、落座进行加餐活动；

（2）幼儿按照图示取餐，将吸管、包装皮等放到残渣盘中；

（3）幼儿加餐完毕后有序参与其他活动，当有座位时其他幼儿落座继续轮流加餐；

（4）轻声对幼儿进行提示，加餐后自主整理桌面，擦嘴、漱口。

4. 幼儿与自己的家长进行简短的交流。

5. 家长就本次加餐观摩活动向本班教师进行反馈分享。

活动流程图（图2-9）：

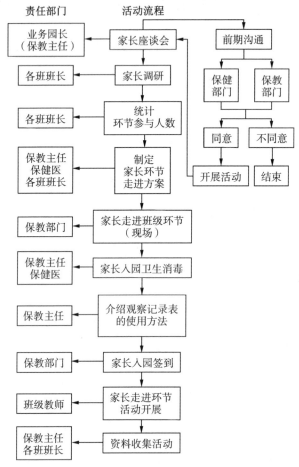

图2-9 "亲历加餐时光 陪伴幼儿成长"活动流程图

■ **活动案例**

"亲历加餐时光 陪伴幼儿成长"——家长开放活动

×月×日，幼儿园以开放的形式邀请家长走进幼儿园观摩幼儿加餐环节。家长们以观察者的身份，深入了解幼儿在园加餐的全过程，零距离感受幼儿在园的点滴成长，家园共同助力孩子们的健康成长。

本次加餐环节的活动主旨是"家园共育，关注成长，促进健康"。邀请家长参与，可以让家长直观了解孩子在幼儿园的饮食情况，加强家庭与幼儿园之间的联系，形成家园共育合力。本次活动提供的食物营养均衡，符合孩子的生长发育需求。同时，活动注重孩子在加餐过程中卫生习惯的培养，有利于孩子身心健康。在集体加餐的环境中，家长可以观察到孩子与同伴的互动，了解孩子在集体生活中的社交能力、自理能力及习惯养成等方面的发展，为家庭教育提供依据。此外，家长的全程参与及监督，能够促使幼儿园不断优化生活环节与活动流程，促进保教结合的高质量发展，为孩子创造更加安全、卫生、舒适的加餐环境。家长参与幼儿园加餐环节的活动，不仅是对孩子饮食健康的关注，更是家园共育理念的具体实践，能够和幼儿园教育形成互补，促进孩子的全面发展。

［观］加餐环节

家长走进各班级，亲身感受幼儿在园加餐的流程，了解幼儿在园生活的同时，关注幼儿各方面能力的发展，为家庭教育的进一步引导提供方向。家长在餐前过渡环节进入班级，然后站在远离幼儿加餐桌位置看幼儿加餐，加餐结束后直接观看保育老师清洁的过程，了解卫生保健的具体落实情况。家长可以从幼儿的加餐过程中看到幼儿的成长。加餐开始前，主班教师需提醒家长：观察时避免以动作或言语干扰幼儿，为幼儿创设自然、宽松的加餐环境。

［听］幼儿反馈

加餐结束后，家长与孩子们围绕加餐环节进行交流，如在幼儿园加餐时我们需要怎样做、幼儿园哪些加餐小吃是最好吃的等。幼儿与家长的及时互动反馈，不仅可以培养幼儿对加餐的积极态度，同时也能让家长对幼儿园的加餐更加放心。

［纳］宝贵建议

家长可以通过语言或书面的形式分享自己在观看过程中的所见所感，包括对幼儿园卫生保健、幼儿饮食情况、幼儿在加餐方面的成长及对幼儿园班级工作的建议等。在交流的过程中，教师与家长、家长与家长间增进了沟通，家长对幼儿园工作及幼儿情况有了更多了解。教师也能够对家长的需求及幼儿的情况有更加细致的了解，有助于幼儿园班级工作的开展。

表 2-5　家长观察加餐活动记录表

记录人＿＿＿＿＿　班级＿＿＿＿＿　家长＿＿＿＿＿

观察时间		观察地点	
带班教师		配班教师	
观察环节	进餐□　　　　　加餐□　　　　教育活动□ 游戏活动□　　　户外活动□　　　入/离园活动□		
观察实录	您看到了怎样的教师（可记录教师的语言、行为、方法、组织活动的策略等） 您看到了怎样的幼儿（可记录幼儿对教师的语言、行为、方法等的反应）		
您在活动过程中看到了孩子在哪些方面的进步？			
您认为在家中加餐时，哪些事情可以由孩子自己去完成？			
观察后的感受			

（北京市朝阳区西坝河第一幼儿园　朱宁、郭沁萍、高雅菲）

四、家长观察幼儿户外活动环节

户外活动是幼儿园一日活动的重要组成部分，对幼儿的健康发展具有重要意义。《幼儿园工作规程》（2016）指出，幼儿园一日生活作息应科学合理，并规定："在正常情况下，幼儿户外活动时间（包括户外体育活动时间）每天不得少于 2 小时，寄宿制幼儿园不得少于 3 小时。"《3~6 岁儿童学习与发展指南》指出，幼儿园应保证充足的户外活动时间，提高幼儿的适应能力，季节交替时也要确保幼儿每日的户外活动时间不少于 2 小时。幼儿园应遵循以上条文，根据不同年龄段幼儿的身心发展特点，设计并开展丰富有趣的户外活动，以增强幼儿体质，培养幼儿的运动习惯和能力。

为了让家长能够更加直观地感受到幼儿园户外活动对幼儿身心发展的促进作用，我们邀请家长全方位参与到幼儿的户外活动设计与组织中。活动前向家长介绍幼儿户外活动的主要内容及发展的价值，初步了解户外活动设计的依据与方法，并学习观察幼儿运动能力发展的方法，记录幼儿的成长时刻。教师通过一对一倾听，了解幼儿在运动过程中的心理变化和体验，进一步增加幼儿园、教师和家长的沟通与联系，形成家园合力，促进幼儿身心健康发展。

 案例一：童年时光之户外趣味活动

■ **活动方案**

活动主题：家长与幼儿共成长——童年时光之户外趣味活动

活动目标：

1. 了解幼儿在园一日生活中的户外游戏活动并进行初步体验；

2. 观察幼儿的游戏行为表现，理解幼儿园户外游戏活动对幼儿发展的价值。

活动准备：户外游戏玩具、观察记录表（表2-6）、体验回顾单、音乐。

活动地点：宽阔的户外场地。

活动流程：

1. 介绍活动目的及流程。

主班教师向家长介绍本次活动的目的与意义、说明户外活动的材料、场地。

2. 家长体验环节。

（1）家长自选游戏材料，体验户外活动乐趣；

（2）15分钟游戏时间，家长将游戏故事进行表征，个别家长分享游戏感受。

3. 幼儿户外活动环节。

（1）幼儿自主选择游戏材料，自主选择游戏同伴，探究玩具玩法；

（2）幼儿在户外活动环节中能够与同伴协商、合作，发现问题并尝试解决问题；

（3）幼儿在户外活动环节中能够在安全的前提下创设有趣味性的游戏。

4. 幼儿分享环节。

（1）幼儿听音乐有序回收玩具；

（2）幼儿能够自主有序回班，进行盥洗，在过渡环节或倾听时间分享游戏。

5. 教师分享环节。

三位教师将从户外游戏中观察到的家长游戏过程、幼儿自主创造性游戏过程、反思游戏背后的价值三个部分进行分享。

6. 家长分享环节。

请家长分享今天参与幼儿游戏的感受。

活动流程图（图 2-10）：

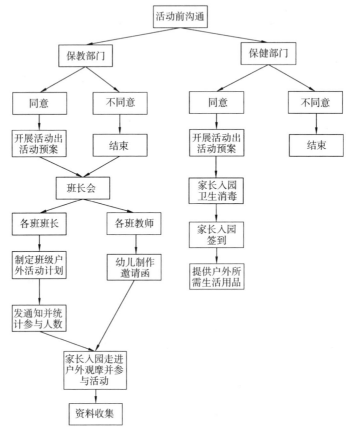

图 2-10 "家长与幼儿共成长——童年时光之户外趣味活动"流程图

■ **活动案例**

趣体验：户外游戏家长开放活动

幼儿园以体验式的开放邀请家长走进幼儿园观看户外游戏。家长以参与者、观察者、倾听者、分享者的身份，深入了解幼儿户外游戏活动，获取新的教育理念和教育信息，家园同频促进幼儿成长。

镜头一：我不是家长

本次活动由班级幼儿发起，希望家长有机会能像自己一样参与幼儿园的户外活动。幼儿是小小邀请员，邀请家长"回到童年"体验快乐。

户外游戏前，教师向家长介绍幼儿自主游戏是幼儿依据自己的需要和兴趣自由地选择和开展游戏，并在其中自发交流互动的过程。幼儿自主游戏以快乐和满足为目的，体验自己的意愿。

游戏结束后，家长通过绘画记录今天游戏故事，为分享给自己的孩子做好准备。

镜头二："回到童年"的故事

家长与幼儿进行一对一倾听：幼儿讲述游戏故事，家长作为倾听者回应。当家长对自己的孩子表述游戏故事的时候，孩子也会将自己的游戏经验传递给家长。有的幼儿像老师一样，在分享故事的过程中会询问一些有意义的问题，比如"妈妈，你觉得独自玩快乐，还是跟别人一起玩快乐？""喜欢幼儿园的户外活动吗？"

可见，幼儿在游戏体验和倾听家长的游戏故事中感受到了户外游戏的重要意义。

镜头三：主角登场

基于亲身体验，家长可以了解户外游戏的目标与价值。作为活动的观察者，家长能在活动细节中切实感受到教师的细心与耐心，在师幼互动中理解教育行为的有效性，打破"看着玩"的思想。同时，家长在孩子们的欢声笑语中也更能感受到幼儿的自主性和自信心，幼儿在探索中发现，在发现中尝试创新。

镜头四：我们的游戏故事大家听

在美好的户外，享受阳光和草地，幼儿分组回顾并记录户外游戏故事，此时家长和教师成为幼儿的倾听者，听他们所讲述的户外游戏故事。幼儿能提出自由游戏时的困惑和解决办法，分享获得的经验，表达自己的心情或提出下一次游戏的目标，同时也会记录与同伴游戏时同伴的举动，给出相应的建议。

在教师记录的过程中，教师会通过追问等互动给幼儿不断深入思考的机会，支持幼儿互相积累经验。

镜头五：孩子，我们一同成长

家长作为观察者，分享了自己观察的记录，从玩具选择、玩法创新到问题协商，直至共同创造新游戏。家长从孩子身上可以感受到坚持、专注、计划性、解决问题的力量等，是一同成长的难忘经历。

表2-6　家长与幼儿共成长——美好的童年时光之户外趣味活动记录表

记录人_____　班级_____　家长_____

观察时间		观察地点	
带班教师		配班教师	
观察环节	进餐□　　　　　集体活动□　　　　区域活动□ 户外活动□　　　　入/离园活动□		
观察实录	您看到了怎样的教师（可记录教师的语言、行为、方法、组织活动的策略等） 您看到了怎样的幼儿（可记录幼儿对教师的语言、行为、组织等反应）		
您如何理解孩子的游戏过程			
您发现了游戏中孩子哪些发展？举例说明			
参与观察后的感受			

（北京市朝阳区枣营幼儿园　包梦夏、薛然、杨思思）

案例二：观户外平衡游戏　见幼儿成长

■ **活动方案**

活动主题： 户外活动——我是平衡高手

活动目标：

1. 家长了解幼儿园户外活动的重要作用，理解户外活动对幼儿发展的价值。

2. 幼儿在平衡游戏中运用多种方式进行运动探索，能够发现问题并尝试解决运动中的问题。

3. 户外活动（平衡游戏）中教师对幼儿能够进行有效指导，鼓励幼儿大胆尝试、挑战自我。

活动准备： 平衡类运动器材（如平衡木、软垫）。

活动地点： 户外操场。

活动流程：

1. 介绍活动目的及流程。

（1）主班教师向家长介绍本次活动的目的、意义和价值；

（2）向家长简要说明投放平衡类运动器材（如平衡木、软垫）的重要性；

（3）重点介绍平衡游戏对幼儿发展的价值及近期幼儿的兴趣点。

2. 户外活动平衡游戏。

（1）幼儿自主选择挑战器材，并尝试用双脚或单脚保持平衡；

（2）请幼儿探索使自己身体保持平衡的方法；

（3）幼儿更换挑战器材并运用保持平衡的方法再次尝试；

（4）幼儿自主规划平衡路线，尝试体验高低差平衡；

（5）教师逐步增加挑战难度，帮助个别幼儿克服胆怯心理。

3. 幼儿经验分享环节。

（1）幼儿在平衡游戏中探索材料的多样化运动方式；

（2）幼儿在运动中能够克服困难并尝试自己解决问题。

4. 家长分享环节。请家长分享今天参与活动的感受。

活动流程图（图2-11）：

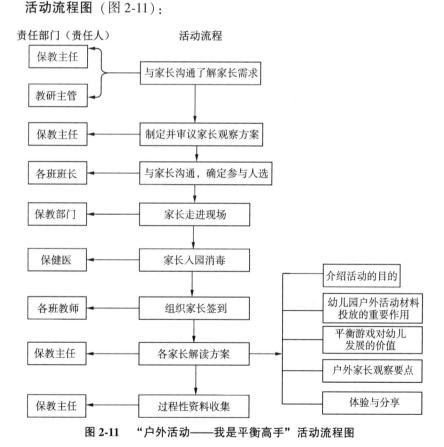

图2-11　"户外活动——我是平衡高手"活动流程图

■ 活动案例

丽景幼儿园户外家长开放活动

介绍活动的目的

幸福的人用童年治愈一生，不幸的人用一生治愈童年。幼儿身心健康发展是后续进入学校教育的重要前提，为终身幸福奠定基础。因此，幼儿园非常重视幼儿身心健康发展，组织教师研究幼儿的身心发展特点。户外运动能够激发幼儿好奇心和兴趣，提升幼儿自主解决问题的能力，培养幼儿热爱运动、不怕困难、敢于探究与尝试的良好品质。

活动设计与实施

1. 户外游戏环节，具有明显的递进性。原地体验、自由组合游戏材料、高度的变化，循序渐进增加游戏难度，提高平衡游戏趣味性的同时也是在对动作核心经验不断进行巩固，让幼儿保持积极参与的兴趣。

2. 互动提问有针对性，围绕"如何使身体保持平衡"进行提问，通过邀请幼儿示范，教师参与幼儿游戏等形式，让幼儿在直接感知、实际操作和亲身体验中获得平衡方面的经验。

3. 尊重个体差异，抓住教育契机，让幼儿在原有基础上获得发展。幼儿平衡能力发展有差异，教师通过观察幼儿游戏中的动作、情绪状态等，及时给予幼儿鼓励与帮助。通过多次游戏，幼儿从不敢走到站直身体向前走，逐渐克服恐惧心理到最终直立前行。

家长观察要点：让家长成为教育道路上的合作伙伴

1. 观察幼儿选择哪种器材进行平衡游戏。

2. 在平衡游戏中幼儿采取了哪些方法让自己保持平衡，在教师集中指导后进行了怎样的调整。

3. 当教师或小朋友发起挑战任务后，幼儿是否愿意进行大胆尝试。

4. 当自己遇到困难后，幼儿选择了什么样的途径解决运动中出现的困难。

5. 整个游戏过程中幼儿是否积极主动、认真专注、不怕困难、敢于探究和尝试等。

体验与分享：与幼儿共情体验到幼儿的成长与变化

邀请家长像孩子一样摆放器材体验平衡游戏。感受随着游戏难度的增加需要加强身体的协调与肢体的配合等，逐步掌握保持平衡的方法。当家长站到低矮材料上时，发现需要对身体的站立姿态进行微调。当逐步提高站立物高度时，需要调整重心的高低才能让身体平衡；在较高处行走时，需要集中注意力，展开手臂来实现对身体控制才能保持平衡。当老师对家长进行鼓励和保护时，家长感受到被关注、被肯定。

真实的体验能够让家长感受到孩子在游戏中的收获，更感受到老师的专业与责任感，从而增加了家长对于家园工作的信任度，使家长愿意配合班级开展各项工作，创造良好的家园沟通契机。

（北京市朝阳区丽景幼儿园　崔悦、王岩、卢杰）

 案例三：亲子运动会——户外游戏乐趣多

■ **活动方案**

活动主题：亲子运动会——户外游戏乐趣多

活动目标：

1. 家长了解幼儿在运动会中动作协调性、灵活性等方面的发展，认识幼儿运动品质培养的重要作用。

2. 幼儿感受与父母或同伴共同完成挑战获得胜利的喜悦，激发幼儿参加体育活动的兴趣，体验体育活动的魅力。

3. 通过家园合作的方式鼓励家长积极参与到幼儿活动中，增加教师、幼儿、家长三方面的沟通交流机会，增进亲子情感，深化家园共育。

活动准备：户外场地规划安排、家园亲子运动会项目调研表（表2-7）、观察记录表（表2-8）、亲子运动会策划、游戏材料、运动会打卡单。

活动地点：户外。

活动流程：

1. 前期筹备环节

（1）幼儿园开展亲子运动会策划动员会；

（2）发动家长加入运动会，亲子共同商讨运动会项目及规则；

（3）班级统计亲子运动会项目。

2. 家园对接环节

召开家园座谈会，就亲子运动的项目及流程进行第一次研讨。

3. 热身体操展示环节。

（1）家长与幼儿入场，升国旗、园旗，有序落座；

（2）家长观看小、中、大班体操环节。

4. 参与亲子运动会

（1）分区打卡运动项目，包含集体项目和自主体验类项目；

（2）家长观察幼儿在运动会中的状态。

5. 颁奖典礼

鼓励每个孩子和家长，根据各项目的表现颁发奖牌、证书等纪念性奖品。提供自由活动时间，家长与孩子可以自由组合进行游戏或交流。

活动流程图（图 2-12）：

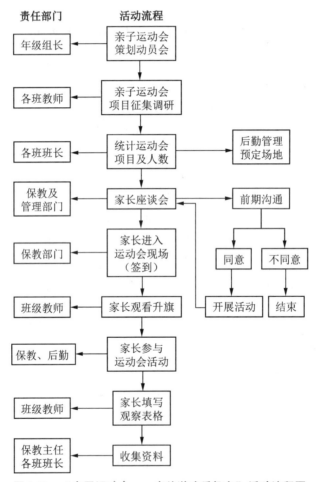

图 2-12　"亲子运动会——户外游戏乐趣多"活动流程图

■ **活动案例**

"亲子运动会——户外游戏乐趣多"家长开放活动

这场别开生面的活动，不仅让家长深刻感受到了孩子在幼儿园的成长与变化，更让家长对幼儿园的教育理念有了更深的理解和感悟。通过此次参与，家长亲身体验到了家园共育的力量，也为孩子未来的教育之路增添了新的思考。

游戏精彩回顾：铁环游戏创意多

家长和幼儿在游戏过程中共同利用铁环开展了不同类型的游戏，比如障碍滚铁环、铁环接力拼图、铁环寻宝、铁环舞蹈等。在这个过程中，家长看到了孩子对平衡能力与四肢协调能力的锻炼，在不同的活动规则中，家长也发挥了不同的作用，比如：

（1）在障碍滚铁环游戏中，教师会在赛道上设置一些简单的障碍，幼儿滚着铁环绕桩、过小桥、穿越矮隧道等。家长可以观察到幼儿能够顺利地滚动铁环，但是当遇到障碍时需要更慢、更稳。

（2）在铁环接力拼图游戏中，家长和幼儿合作完成游戏，家长负责图片的拼接，幼儿负责铁环的滚动运输，家长在游戏中看到了幼儿平衡和协调能力的发展，同时也看到了幼儿的耐心和专注。

（3）在铁环寻宝游戏中，家长和幼儿共同滚动铁环寻求宝藏，有时幼儿急于寻找宝藏，会把铁环扔在地上，教师和同伴会随时提示和鼓励幼儿，家长在这个过程中能够体会到体育运动中耐力的培养，以及探索欲和冒险精神的激发。

家长震撼：原来孩子比想象中更强大

西西爸爸："在两人三足的比赛中，我迈的步子稍微大了一些，一不小心就把他拽倒了，我以为他会哇哇大哭，没想到他立刻站起来跟我说'爸爸快点'，那一刻我突然觉得自己小看了他，以前要是我耽误了他玩游戏，他一定会发脾气，没想到这次他的第一反应是快速调整，而且随着我们两个配合得越多，我们走得更顺利了。我才发现原来他的小腿动作很灵活，当我们快速跑起来的时候，我甚至完全没觉得我在跟一个小朋友合作。"

瑄瑄妈妈："此次进园观察幼儿参与亲子运动会的经历让我受益匪浅。我不仅见证了孩子的成长与变化，更对幼儿园的教育理念有了更深的理解和感悟。我也深刻体会到了家园共育的重要性。在未来的日子里，我将继续积极参与孩子的教育，与幼儿园携手并进，共同为孩子的成长贡献自己的力量。"

活动亮点时刻：角色代入其乐融融

此次运动会还设置了运动休息区、运动赛场、保健站、记者站、迎宾队、摄影队等多个角色区，包含运动员、志愿者、记分员、保健医、小记者、迎宾队员、摄影专员等多个角色。让家长、幼儿和教师共同融入其中参与扮演，增强其体验感并体会游戏的乐趣。

表 2-7　家园亲子运动会项目调研表

幼儿姓名		班级	
与幼儿关系			
亲子协商游戏内容	请您从支持幼儿这些方面（走、跑、跳、协调、平衡、挑战）的发展思考游戏内容	运动精神：坚持、不怕困难、敢于	
您还希望运动会实现幼儿哪些方面的发展			

表 2-8　家长观察户外活动记录表

记录人＿＿＿＿＿　班级＿＿＿＿＿　家长＿＿＿＿＿

观察时间		观察地点	
带班教师		配班教师	
观察环节	进餐□　　　　集体活动□　　　　区域活动□ 户外活动□　　　入/离园活动□		
体操展示	在体操展示环节中，您看到了幼儿身体动作哪些方面的变化＿＿＿＿＿		
运动会	您认为这些运动项目是如何支持幼儿运动能力和运动品质的发展的＿＿＿＿＿		
观察与参与后的感受			

（北京市朝阳区西坝河第一幼儿园　张丹丹、申奥、王京宇）

五、家长观察幼儿入/离园环节

入园与离园是幼儿一日在园生活的起点和终点。这个常见又简单的环节对幼儿来说意味着什么？对幼儿的发展又有何作用呢？

从幼儿发展的角度来看，参观入园和离园环节能够让家长亲眼见证幼儿从家庭环境过渡到幼儿园环境的自然过程，理解幼儿在这一转变中可能面临的挑战与成长，从而更加耐心地支持幼儿适应新环境，促进幼儿的社会性发展。家长通过观察引导图、记录单、小任务等方式，能更清晰地意识到自己在孩子成长过程中的角色与责任，进而更加积极地参与到幼儿园的各项活动中来。从管理视角看，该活动增强了家园信息的对称性，搭建了沟通桥梁，能够让家长亲身体验幼儿园的日常管理、安全措施及温馨氛围，增进对幼儿园教育理念、教学方法及环境创设的理解与认同，从而强化家园之间的信任与合作。

 案例一：离园环节家长开放活动暨班级微论坛

■ **活动方案**

活动主题：离园环节家长开放活动暨班级微论坛

活动目标：

1. 了解幼儿在园一日生活，展示班级的离园环节。

2. 以论坛形式分享缓解幼儿不良情绪的小窍门。

3. 了解离园环节的重要性及支持策略。

活动准备：茶水、水果等。

活动地点：操场（主活动区）及图书室（分享区）。

活动流程：

1. 介绍活动目的及流程。

（1）主班教师向家长介绍本次活动的目的、意义和价值；

（2）向家长简要介绍晨/晚检的内容及目的。

2. 目的。

（1）保障幼儿健康。通过活动及时发现幼儿身体的异常情况，如发热、咳嗽、出疹等，做到早发现、早隔离、早治疗，防止传染病在园内传播。对患有慢性疾病或身体不适的幼儿给予特别关注，确保他们在园期间的安全和健康；

（2）促进家园沟通。晨/晚检时与家长交流幼儿在家/在园情况，加强家园之间的沟通与合作；

（3）培养幼儿良好习惯。引导幼儿养成良好的个人卫生习惯，并帮助幼儿学会自理，提高自我保护意识和能力。

3. 离园游戏环节。

（1）幼儿在家长的教导下展示自己的自理能力；

（2）幼儿能够有序、安全地离园。

4. 家长分享环节。

（1）分享参观感受；

（2）提出育儿困惑及经验；

（3）教师结合理论与实践案例进行梳理总结，形成"离园小贴士"。

■ **活动案例**

"第一个接我！"——离园环节家长开放活动

对于新小班幼儿来说，他们经常会在入园时嘱咐爸爸妈妈"第一个来接我"，为了让家长了解离园环节的重要性和其对幼儿的影响，幼儿园组织了家长观看幼儿离园环节活动。

离园进行时

在本次活动中，教师与幼儿约定好：晚餐后，每名小朋友完成擦嘴、洗手、漱口后，家长都会第一个来接他们。孩子们听后特别兴奋，都期盼着最先见到自己的爸爸/妈妈。晚餐时，他们情绪状态特别好，认真进餐。

用餐结束后，教师在门口组织家长，请其帮助自家孩子完成整理衣服、背书包的任务。随着爸爸/妈妈进入班级，孩子们的眼睛都亮了，特别开心地在爸爸/妈妈的帮助下整理衣服、背书包，脸上都挂着甜甜的笑容。

离园活动后：班级微论坛

一些家长参加活动，看着孩子开心的笑脸，也说出了自己参与活动的感受。虽然只是小小的离园 5 分钟，却蕴含着幼儿园与家庭之间亲密的合作。

右右家长："我之前就是工作太忙，总晚接，孩子越来越不喜欢上幼儿园，在家的脾气也大，后来我就开了家庭会议，决定轮流接送孩子，之后他再也没闹过。"

牙牙家长："过去，晚接的时候只告诉老师，没有提前和孩子说过，孩子也是各种发脾气，还得满足各种条件才愿意去幼儿园，后来听了老师的建议，我现在也会提前和孩子说，没想到她真的能明白，也能理解家长的难处，现在就算晚接也可以了，不过次数多了孩子还是会不高兴，能按时接是最好的。"

石头家长："我家没有老人帮忙，每天上幼儿园都跟'打仗'一样，晚上也总是晚接。后来我和孩子爸商量着给孩子报了个能托管的课外班，回家也常常和石头聊天、做游戏，现在石头不仅不发脾气了，也更愿意和我们讲一天发生的事情了。"

可见，按时接送是家长对于承诺的遵守，也是孩子与家人达成的共识，如果家长未履行承诺，孩子会认为家长不遵守规则、不守时，对其规则意识和时间观念也会产生负面影响。

教师支招——晚间离园策略多

1. 解释原因：晚接后要用儿童化的语言向孩子耐心解释，消除孩子内心的顾虑（如"今天堵车，用了比平时更久的时间才到了幼儿园"）。

2. 提前说明：提前和孩子说明并和老师打好招呼，方便教师了解情况，合理安排托管事宜，并能及时安抚幼儿情绪。

3. 安全托管：如果长期无法按时接孩子，应将孩子交给安全可靠的晚托机构或代接人员。

4. 积极沟通：积极主动与孩子沟通，帮助孩子爱上幼儿园，避免过度追问细节。

5. 有效陪伴：户外活动、亲子游戏、亲子共读等都是很好的方式，能够增强亲子间的信任，也能帮助幼儿养成良好的生活和学习习惯，尽量不用手机、零食陪伴孩子。

（北京市朝阳区枣营幼儿园　郭美琪、郝佳雪）

案例二：秋光为序，温馨起航

■ 活动方案

活动主题： 秋日信笺，寄给未来

活动目标：

1. 家长与幼儿一起入园，观察幼儿入园初期的活动状态，促进家园之间的沟通与信任。

2. 幼儿能积极、愉快地入园。

3. 教师通过微笑迎接、拥抱安抚、赠送礼物、组织开学小游戏等方式，为幼儿营造温馨的入园氛围。

活动准备：信件材料、幸福永生花。

活动地点：各班活动场地。

活动流程：

1. 家长陪伴幼儿入园，投递爱心信笺。

（1）家长与幼儿一同进入幼儿园大门；

（2）家长将写给幼儿的信投入特制邮筒；

（3）请家长通过拍摄照片或视频的方式，记录印象深刻的活动瞬间。

2. 幼儿参加入园环节，营造温馨、愉快的入园氛围。

（1）祝福房子：幼儿参与"跳房子"小游戏，收获开学祝福；

（2）幸福永生花：闯关成功的幼儿领取"幸福永生花"作为开学小礼物。

3. 幼儿进班参与晨间整理、晨间谈话等活动。

（1）幼儿整理、收纳自己的随身物品，如外衣、书包、水壶等；

（2）幼儿参与晨间活动，可与同伴自由组队，开展晨间谈话、操作手头玩具等活动；

（3）幼儿跟随音乐提示，分组进餐。

4. 家园对话会

（1）家长展示自己拍摄的幼儿活动的照片，并说一说触动自己的瞬间；

（2）家长可向园长、主任、教师等提出自己的疑问或进行其他方面的交流；

（3）活动结束，家长离园。

活动流程图（图2-13）：

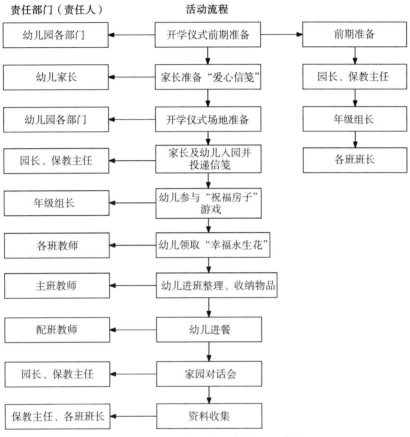

责任部门（责任人）　　　　　活动流程

幼儿园各部门	←	开学仪式前期准备	前期准备
幼儿家长	←	家长准备"爱心信笺"	园长、保教主任
幼儿园各部门	←	开学仪式场地准备	年级组长
园长、保教主任	←	家长及幼儿入园并投递信笺	各班班长
年级组长	←	幼儿参与"祝福房子"游戏	
各班教师	←	幼儿领取"幸福永生花"	
主班教师	←	幼儿进班整理、收纳物品	
配班教师	←	幼儿进餐	
园长、保教主任	←	家园对话会	
保教主任、各班班长	←	资料收集	

图2-13　"秋日信笺，寄给未来"活动流程图

■ **活动案例**

丽景幼儿园入园环节家长开放活动

×月×日，幼儿园借开学之际，邀请家长进入幼儿园参与幼儿早入园环节。此次活动不是一次简单的入园仪式，它为幼儿的新学期生活拉开了序幕，也是一次家园深度合作、增进理解的重要契机。

亮点回顾：亲子携手，共赴成长之旅

家长与孩子手牵手步入幼儿园的大门，共同将满载爱与期望的信笺投入特设的邮筒中。这一简单的动作，不仅寄托了家长对孩子新学期的美好祝愿，也象征着家园之间信任与合作的启程。家长们纷纷表示，通过这一仪式，他们坚定了支持幼儿园工作的决心，也更加期待孩子在这里获得成长。

开学祝福：趣味游戏，见证幼儿风采

在随后的入园环节中，孩子们在家长的鼓励下积极参与，展现了他们向上的精神风貌。无论"跳房子"收获开学祝福，还是闯关成功后领取"幸福永生花"，每一个游戏都充满了欢声笑语。家长们亲眼观看孩子们在游戏中的专注与快乐，可以体会到教师们的用心与付出。通过参与这次活动，家长能够直观地感受到幼儿园教育理念的实施，也增强了对教师工作的信任和支持。

家园视角：生活活动，体现幼儿成长

孩子们完成小游戏后，陆续进入班级，开始晨间整理与进餐等活动。家长们也跟随进入班级，近距离观察孩子们在幼儿园的一日生活。在晨间整理环节，孩子们有条不紊地整理着自己的物品，如外衣、书包、水壶等，展现了良好的自理能力。在进餐时间，孩子们伴随音乐声分组进餐，享用美味早餐。老师们细心地照顾着每一位孩子，确保他们吃得开心、吃得健康。家长们看到这一幕幕温馨的画面便能意识到，正是有了这些充满爱心与责任心的教师团队，孩子们才能在幼儿园里茁壮成长、快乐学习。

家园对话：增进理解，共筑成长桥梁

家长们积极展示自己拍摄的幼儿活动照片，分享他们的活动经历。他们不仅表达了对孩子成长的喜悦和自豪，也向教师提出了宝贵的意见和建议。这种开放、坦诚的交流方式，不仅增进了家园之间的理解和信任，也为今后更好地开展教育教学工作奠定了坚实的基础。

（北京市朝阳区丽景幼儿园　盛朝琪、陈鹏、王岩）

案例三：了解你的快乐时光

■ **活动方案**

活动主题： "了解你的快乐时光"——观察入园、离园游戏环节

活动目标：

1. 通过观察，了解幼儿在入园和离园时的行为表现，评估其社交、自理能力及情绪状态。

2. 通过观察幼儿的早入园游戏和晚离园活动，深刻感受幼儿园生活化、游戏化的教育形式，促进家园合作。

3. 通过观察游戏活动，掌握与幼儿互动的游戏方式及引导幼儿自主整理物品的方法。

活动准备：早入园游戏甄选表（表2-9）、观察记录表。

活动地点：各班教室

活动流程：

1. 介绍活动目的及流程：向家长介绍本次观察活动的目的和具体流程，确保家长明白活动的参与方式及重要性。

2. 入园环节活动展示：在幼儿入园时，家长观察孩子与同伴的互动情况，记录孩子的情绪变化、社交行为及对环境的适应情况。

3. 离园环节活动展示：在幼儿离园时，家长继续观察孩子的行为表现，注意孩子的自理意识及能力。

4. 观察记录：家长在活动结束后，根据观察记录表整理孩子的行为表现，分析孩子的成长特点及需要关注的问题。

5. 家长分享环节：家长将观察结果反馈给教师，共同讨论孩子的成长情况，制定相应的教育策略。

活动流程图（图2-14）：

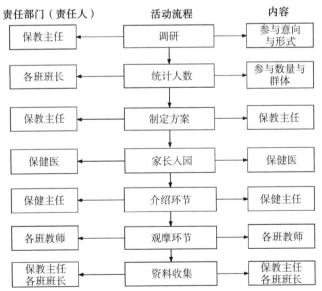

图2-14　"'了解你的快乐时光'——观察入园、离园游戏环节"活动流程图

■ 活动案例

"了解你的快乐时光"——家长观摩幼儿入／离园开放活动

×月×日，幼儿园以开放日的形式邀请家长到园观看幼儿的入园与离园活动。家长将以观察者、倾听者的角色，深入了解幼儿在园生活，亲身体验孩子们的成长点滴。

1. 早入园游戏甄选

表 2-9　早入园游戏甄选表

环节	游戏内容	玩法
晨间来园	点名游戏《××好》《一二三四五六七》	改编歌曲《新年好》："早上好呀！早上好呀！×××大家早上好！" "一二三四五六七，我们的××在哪里？在这里，在这里，我们的××在这里。×××、×××、快快来，快快来，快快来。×××、×××、快快来，我们大家欢迎你！××呀，在哪里，在哪里？××呀，在这里，在这里，我在这里。" 备注： 　　教师可以根据不同的儿歌进行歌曲改编，欢迎幼儿的同时可以给幼儿一个大大的拥抱或其他友好的动作。 　　中、大班可以请幼儿或当天的值日生当小老师，带领全体小朋友玩点名游戏
	新闻播报	请当天负责新闻播报的幼儿播报幼儿园见闻、幼儿关注的新闻
	天气播报	请当天负责天气播报的幼儿介绍当日天气及温馨提示
	今天玩什么	幼儿以个人或小组的形式做自主游戏计划
	我有快乐要分享	节日、假期后，利用晨间来园的时间组织幼儿集体、小组交流假期趣事
	我的新发现	组织幼儿开展结合季节、气候、植物角等的谈话活动。挖掘新的主题活动、开展正在进行的主题活动

2. 晚离园的整理培养

离园时，幼儿需要自行整理好衣物，完成放学前的准备，教师需要主动与家长沟通相关环节的意义。

活动采取"请进来"的方式，邀请家长到园观看幼儿的离园环节，了解幼儿离园前的活动内容及表现。教师展示如何引导幼儿独立整理，同时播放幼儿日常整理的情况，并给予适宜的亲子互动指导策略，家园携手帮助幼儿学做一个会整理、会生活的人。

例如，在离园环节的观察中，教师发现有部分幼儿的整理习惯尚未养成，针对幼儿整理习惯不足的问题，教师可以将幼儿园"整理小妙招"延伸至家庭，指导家长创设趣味化的整理环境，并与幼儿园保持同频的引导方式，从而起到家园一致开展教育的作用。

又如，幼儿在家整理和在幼儿园整理的环境、物品不同，幼儿的整理方式需要灵活调整。建议家长根据幼儿的整理习惯及能力与幼儿共同制订家庭版"整理小妙招"：幼儿可用涂鸦、照片等记录"小妙招"，并将"小妙招"张贴在醒目的位置。教师每周还会和家长一起对幼儿目前的整理情况进行交流和分析，了解幼儿在家、在园的变化，及时表扬他们的点滴进步，共同协商推进的方法和策略，从而做到家园统一标准、统一要求。通过巩固整理习惯，幼儿能体验成功的喜悦，从而激发自理能力的内驱力。

（北京市朝阳区西坝河第一幼儿园　李晔、吴蔚、刘琴）

第二节　1+1共育模式（家庭—幼儿园）

◆参与幼儿园管理

一、家长体验营养师

饮食是幼儿入园后家长关注的"头等大事"，幼儿能否吃饱、吃好是每个家长都十分在意的问题。如何让健康、营养的幼儿餐食成为家长的放心餐呢？加强食品安全及营养膳食的科学管理，是幼儿园管理者的职责。《幼儿园保育教育质量评估指南》中的评估内容"保育与安全"也提到了"幼儿园要加强膳食营养"。为了让家长更直观地了解幼儿园的科学膳食安排及安全卫生保障情况，增进家长对幼儿科学膳食和食堂管理工作的了解，加强家长对幼儿园的信任，幼儿园结合实际情况，定期向家长发放膳食调查问卷，了解家长对幼儿饮食方面的问题和需求。通过"伙委会"，以及半日开放等活动宣传营养知识，讲解膳食结构。此外，幼儿园还以邀请家长品鉴幼儿园膳食、参观幼儿园食堂、参与幼儿食谱制订等方式帮助家长全面了解孩子在园的进餐情况及幼儿园科学营养膳食工作，进一步提高幼儿园食品安全的透明度，家园携手构筑起守护幼儿食品安全的屏障。

案例一：营养膳食　助力成长

■ **活动方案**

活动主题： 家长体验营养师之美食品鉴活动

活动目标：

1. 了解幼儿园幼儿营养膳食工作体系及日常工作内容，增进家园间信任度。

2. 通过参观食堂与膳食品鉴活动，了解幼儿饮食制作过程，不断改进和完善伙食服务。

活动准备：

1. 提前通知家长活动时间及地点，准备签到表、活动反馈表（表2-10）。

2. 活动时间：开学第一个月月末。

活动流程：

1. 家长参与体验营养师前，保教主任、保健主管召开预备会，针对"伙委会"会议内容进行协商，确定会议时间及地点。

2. 向园长提交召开"伙委会"申请及会议目的，经审核通过后召开会议。

3. 由保教部门牵头，组织参与本次活动的家长并建立微信群，通过"问卷星"提前收集家长对幼儿园膳食营养工作的疑问，以便有针对性地开展活动。

4. 由保健部门主持会议，介绍幼儿园膳食营养工作：从幼儿园文化、幼儿园食品安全管理制度、营养计算、人员配备、厨房设施设备等方面，系统地介绍幼儿园膳食营养工作体系。

5. 实地参观。带领家长到厨房进行实地参观，进入厨房前，注意组织家长按照要求穿戴服装。

6. 美食品鉴。根据当天幼儿食谱制作相应餐食，为每位家长提供一份进行品鉴，并从色、香、味、营养搭配等方面进行鉴赏，填写《活动反馈表》。

7. 家长分两组体验营养师工作。根据保健医对幼儿食谱制订原则的介绍，家长为幼儿设计一天的菜谱，并进行相互点评。

8. 活动结束后，保健部门针对活动过程及家长反馈进行反思，并向园长汇报后续调整计划。

■ 活动案例

家长体验营养师之美食品鉴活动

家长最关心的就是孩子们在幼儿园的饮食健康与安全，吃得好/不好、健康/不健康、卫生/不卫生，都关乎孩子们每一天的健康成长。基于幼儿园的日常沟通与问卷调研的结果，幼儿园就将带着家长参与"伙委会"，体验营养师工作，全面了解幼儿园膳食工作体系，将"阳光餐饮"的理念落到实处。

一、目标明确，指向性强

在幼儿成长的重要阶段，幼儿园及家长对幼儿饮食一直都高度关注与关心。在以往的活动中，我们通过公众号、宣传栏等方式向家长介绍幼儿园膳食工作，虽然介绍得很全面，但总感觉"欠了点火候"。在这学期，"伙委会"总结之前的活动经验，组织了本次活动，意在使家长充分了解幼儿园膳食工作体系，了解日常食品安全卫生工作，品尝幼儿膳食，从专业的角度进行评价。

二、阳光餐饮，专业性强

活动开始后，保健主管就幼儿园食品安全管理相关制度、操作流程规范、人员配备、食材进货清单、日常检查等各项工作，向家长做了细致展示和讲解。保健主管重点介绍了食材的进货渠道。

三、真诚交流，责任心强

在品鉴美食的过程中，保健主管介绍了营养膳食配餐的要求和办法，介绍了菜品的营养价值等。在品鉴过后，保健主管请大家畅谈了对幼儿园膳食的建议与意见。家长们表示，幼儿园的菜品少盐少油，味道很好，也说了孩子们特别喜欢吃幼儿园的饭，对幼儿园的膳食工作给予了肯定。

四、创意搭配，体验当营养师

活动最后的重头戏开始啦！保健主管邀请每位家长作为膳食搭配师搭配幼儿一天的食谱，提示大家注意荤素搭配、菜品颜色搭配等。家里掌勺的奶奶、姥姥迅速开始了菜品搭配，设计孩子们喜欢吃的美食。设计完成后，几位家长进行了思路分享。保健主管一方面感谢了家长们的热情参与，肯定了家长们对营养膳食的重视，另一方面也表示，家长提出的孩子爱吃的菜品幼儿园会在后续膳食工作中进行尝试。

在整个活动中，"伙委会"的家长们在动静交替的活动中充分了解幼儿园膳食工作，并对此项工作给予了高度的评价和认可。活动既体现了幼儿园对于膳食的重视，也深化了家园合作。

表 2-10　家长体验营养师活动反馈表

记录人＿＿＿＿＿　班级＿＿＿＿＿　家长＿＿＿＿＿

活动时间		活动地点	
参与环节	讲座□ 品尝餐食□	讨论研讨□ 参观厨房□	
品尝幼儿餐食，您对食材的质量、营养的搭配有哪些建议			
对于教师介绍的幼儿园膳食，您有哪些收获			
对于今天的活动，您是否满意	整体非常满意□ 整体不满意□	整体一般满意□	
下次活动您还愿意来吗	愿意□ 不愿意□ 原因：		
您还有哪些推荐的菜品			

（北京市朝阳区枣营幼儿园　胡玉杰、常鹏）

案例二：家长陪餐"四步走"，加强营养餐监察与管理

■ 活动方案

活动主题：幼儿园营养膳食管理——家长陪餐"四步走"

活动目标：

1. 家长了解幼儿园食堂环境卫生、从业人员工作情况（规定着装、规范操作、餐具卫生等）。

2. 家长对于当餐饭菜的外观、口味、质量等认真进行评价并提出建议（食材是否新鲜、营养搭配是否合理、口味是否适宜等）。

3. 家长与幼儿园营养师共同分析下周食谱的营养价值、烹饪方法等，使以后各周膳食结构更加科学，更符合幼儿的口味。

活动准备：营养膳食量表、陪餐职责表（表 2-11）、陪餐记录表。

活动地点：各班教室。

活动流程：

1. 介绍活动目的及流程。

（1）幼儿园营养师及保健医向家长介绍本次活动的目的、意义和价值；

（2）向家长简要说明各陪餐表格的评价标准。

2. 家长进班进行陪餐。

（1）望：家长观察餐食、餐具及分餐人员是否符合标准；观察幼儿进餐情况；

（2）闻：食材是否新鲜；

（3）问：幼儿对营养餐的评价和建议；

（4）尝：食材是否新鲜；饭菜咸淡、软硬、口味是否适宜。

3. 陪餐情况反馈。

（1）家长结合陪餐标准进行评价及反馈；

（2）针对幼儿园食谱、餐食、就餐环境等提出建议。

活动流程图（图2-15）：

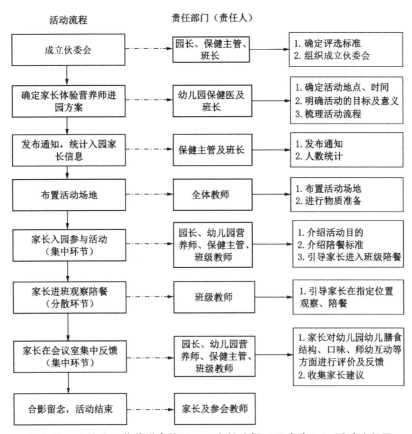

图2-15 "幼儿园营养膳食管理——家长陪餐'四步走'"活动流程图

■ 活动案例

温馨陪餐日

今天是"温馨陪餐日"，家长们怀着好奇与期待来到了幼儿园。

首先是参观幼儿园后厨区域，当家长们走进后厨，映入眼帘的是整洁的灶台、新鲜的食材、忙碌的厨师，目睹了从食材清洗到精心烹饪的过程后，家长们对幼儿园的食品安全管理有了更深的信赖。

随后，在班级老师的带领下，家长们来到了幼儿的教室中，孩子们正伴随着进餐音乐有序地如厕、洗手。当看到小朋友们穿着黄色值日生围裙为同伴介绍菜谱时，家长们拿出手机，拍照记录下这珍贵的瞬间。不一会儿，孩子们都坐在了椅子上，开始一口菜一口饭地吃了起来。老师根据不同孩子的口味为孩子们分配饭菜，引导个别小朋友细嚼慢咽。家长们看到孩子们盘子里的菜搭配得很合理。乐乐妈妈拿着手中的膳食宝塔对照起餐盘，并不时与幼儿园营养师交流，营养师岳老师也针对饭菜的营养价值进行了解答。班级的三位家长也入座与幼儿一同进餐，品尝了幼儿餐食，并填写了手中的陪餐记录表。

陪餐结束后，在保健医的带领下，所有的家长来到了多功能厅进行花样美食品鉴活动。在家长们品尝美食的同时，保健医为他们介绍了饭菜的搭配。幼儿园的张大厨也亲自示范了幼儿最喜爱的油焖大虾的做法，并鼓励家长们在家中进行尝试后分享在群里。

最后，保健医介绍了幼儿园的食育课程：节日节气下的主题式自助餐活动。小朋友自己投票选择自己最喜爱的节日节气美食，家长们边品尝美食边听幼儿节气讲解员讲解不同的节气特点。今天的"温馨陪餐日"即将进入尾声，家长们围坐一圈，分享着各自的感受与体会。他们纷纷表示，这次活动让他们对幼儿园的餐饮管理有了更深了解，对幼儿园的工作给予了高度评价。他们感谢幼儿园提供的这样一个平台，让他们有机会与孩子共度美好时光。这场"温馨陪餐日"不仅让家长们亲身体验了幼儿园的供餐、进餐流程，更促进了家园之间的沟通与理解，为孩子们的健康成长搭建了更加坚实的桥梁。

表 2-11 陪餐职责表

记录人_____ 班级_____ 家长_____

陪餐记录表					
部门:	陪餐人员签字:		陪餐时间: 年 月 日		
陪餐检查项	陪餐检查内容	早、加餐陪餐	中、午点陪餐	晚餐陪餐	
		检查情况	检查情况	检查情况	
望	幼儿餐与食谱是否一致,品种是否齐全				
	分餐或送餐人员穿戴是否整齐并干净				
	用餐环境及餐具是否符合卫生标准				
	餐具是否经过消毒,表面是否干净无污染,有无破损				
	饭菜中是否有异物				
	幼儿进餐氛围是否安静、舒适				
	幼儿是否爱惜粮食、勤俭节约				
	幼儿是否挑食、偏食				
	荤素搭配是否合理				
闻	饭菜是否有异味				
问	幼儿对营养餐的评价和要求				
尝	饭菜味道是否新鲜				
	饭菜的温度是否适宜				
幼儿反馈的其他问题					

(北京市朝阳区丽景幼儿园 许馨瑶、李莹、郝梦凡)

案例三："食"光有你，"味"爱而来

■ **活动方案**

活动主题："食"光有你，"味"爱而来——家长开放活动

活动目标：

1. 通过活动让家长走进幼儿园、走进食堂，了解幼儿园食堂的食品安全管理和幼儿就餐管理情况，鼓励家长参与幼儿园饮食管理，进一步促进家园共育。

2. 强化"伙委会"管理职能，征求"伙委会"成员对幼儿园食堂管理及伙食质量的建议，以便进一步提高幼儿伙食和服务质量，促进幼儿健康茁壮成长。

3. 发挥"伙委会"成员功能，大力宣传幼儿园食堂管理和食品安全管理。

活动准备：

1. 前期请幼儿为自己最喜欢的菜投票。

2. "伙委会"演示文稿。

3. 分发家长"伙委会"邀请函。

活动地点：多功能厅、食堂。

活动流程：

1. 签到、欢迎各位"伙委会"成员的到来。

2. 保健组长主持会议，介绍活动目的及流程。

(1) 介绍本次活动的目的及意义；

(2) 说明整月带量食谱执行情况，并解释本周食谱设计依据，并与家长一起研讨下周食谱，反馈前期问卷调查结果。

3. 参观幼儿园食堂，保健组长介绍食堂食品采购、储存、加工、烹饪，以及餐具消毒等各个环节的操作流程和规范要求。

4. 幼儿美食品鉴活动。

5. 家长分组研讨互动，分享自己的感受及对幼儿饮食方面、习惯培养方面的意见和建议。

6. 通过活动总结和答疑环节，强调家长参与幼儿园膳食管理的重要性。

7. 16:50-17:00 活动结束，家长在一层大厅接幼儿。

活动流程图（图2-16）：

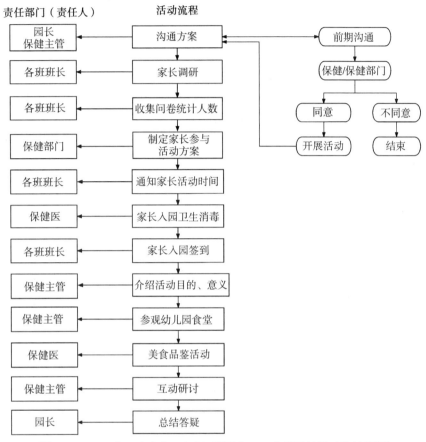

图2-16 "'食'光有你，'味'爱而来——家长开放活动"流程图

■ **活动案例**

"食"光有你，"味"爱而来——家长开放活动

×月×日，西坝河第一幼儿园以主题沙龙的形式邀请部分家长参与幼儿园的饮食安全与健康的参观及讨论活动，直观了解幼儿园在幼儿饮食卫生、安全方面的保障工作及合理搭配膳食方面的科学规划。

亮点一："边听边看"——卫生安全是基准，公开透明铸信任

1. 听要求

幼儿园介绍食品安全的管理及每日消毒的流程、规范及要求，帮助家长从制度层面了解幼儿园对幼儿饮食安全的严格管理和严谨态度。

2. 看环境

依照管理要求及操作规范，参观食堂操作台、消毒柜、记录表、餐品留样处等区域，对照要求核查幼儿园的安全卫生工作。

亮点二："边品尝边讨论"——饮食健康需科学，沙龙研讨集思路

1. 品尝幼儿的餐食

食堂的厨师们精心制作了多道孩子们菜单中的菜品，让家长有机会一一进行品尝。请家长在众多菜品中选择自己最喜欢的两道菜品进行投票，并公布结果，随后揭晓幼儿的投票结果，两项结果的对比引发家长的讨论热情。

在品尝的过程中，家长分享自身对幼儿餐食味道的第一感觉，感受幼儿餐食少盐易咀嚼、软烂易消化的特点。

2. 讨论幼儿餐品的搭配及质量

幼儿园先向家长介绍幼儿园的膳食是如何结合幼儿特点进行调整改进的，如多样化主食、变换烹饪方式：将幼儿不爱吃但营养丰富的胡萝卜等制成包子馅，让幼儿乐于接受；增加营养素的摄入、根据节气特色调整加餐食物等。同时，邀请家长分享家庭中幼儿喜爱的餐点样式和做法，为幼儿园的餐饮改进提供新的思路。

另外，结合幼儿带量需求，与家长共同商讨幼儿一周饮食的搭配方案，在满足营养要求的基础上对部分食物或制作方法进行替换和更新。

3. 提出想法和建议

幼儿园将家长分为不同的小组，由其分享和讨论如何让幼儿吃得更好，并在当前参观的基础上提出建议。幼儿园将小组分为"营养搭配组"和"美好味道组"，家长们积极发言，就食材的选择、菜品的营养搭配、食品加工方式等方面提出意见。同时，以"节气美食"为主题，讨论在不同时节下的饮食搭配技巧，请家长结合节气特点为幼儿饮食提出新的想法。

幼儿园听取意见，承诺会后研究并采纳合理的建议，提出希望增加菜品种类、注重季节性食材的选用等，以便更好地满足幼儿的口味和营养需求。

家长参加营养研讨环节不仅增强了家园互信，也为进一步提升幼儿的饮食质量提供了有力的支持。幼儿园将继续坚持"食品安全第一，营养健康并重"的原则，为幼儿提供更加优质的饮食服务。

（北京市朝阳区西坝河第一幼儿园 刘子更、赵桐、王一伊）

二、家长体验安全员

安全是幼儿健康成长的基石，孩子的安全成长是家园共同的心愿。为了让家长更直观地了解幼儿园对安全的重视，幼儿园特别策划了"家长体验安全员"活动，邀请家长以参与者的身份参与到幼儿园的安全防护工作中来，如日常的安全检查、安全值守、安全讲座等，以此增进家长对于幼儿园安全管理的认识和支持。该活动旨在让家长更加深入地了解幼儿园在保障孩子安全方面所做的努力，通过亲身体验幼儿园安全管理工作，家长不仅能更理解和支持幼儿园的工作，还能为幼儿树立榜样，培养其安全意识和责任感。

在本次体验活动中，家长将有机会参与到安全教育活动中，了解如何正确引导孩子增强自我保护意识。通过直接参与幼儿园门口的执勤接送活动，亲身体验孩子们上下学的过程，家长能够更好地了解他们的需求和情况，为幼儿园的安全管理提出宝贵意见。此类互动体验活动不仅能够加强家园之间的沟通与合作，还能进一步提升幼儿园的整体安全管理水平，为孩子创造一个更加安全、健康、快乐的成长环境。

 案例一：家长体验安全巡查打卡

■ 活动方案

活动主题：家长体验安全员——巡查幼儿园安全

活动目标：

1. 了解幼儿园安全防范工作开展的基本情况。

2. 了解幼儿园日常对大门、教玩具、消防器材等内容的全面安全巡查要点。

活动准备：

1. 提前通知家长活动时间及地点，准备签到表、活动反馈表（表2-12）。

2. 活动时间：每月第四周周五13：00—14：00。

活动地点：幼儿园会议室、幼儿园安全巡查点。

活动流程：

1. 家长体验安全员活动前，后勤主任对整体方案进行提议，召集园区执行园长、保教主任、保健主管、安全员召开预备会，明确活动内容、活动时间及地点。

2. 向园长提交召开家长体验安全员活动的申请及方案，经审核通过后组织活动。

3. 做好活动前各项准备，通过公众号、班级群等方式招募家长志愿者参与安全员体验工作。需要做好参与家长的统计工作，并与家长确认具体时间、地点。

4. 活动由后勤部门主持，执行园长、保健主管、安全员等相关负责教师配合活动开展。

5. 做好活动签到及会议记录，收集家长建议。在园长办公会中反馈本次活动的基本情况，总结活动的亮点与不足。

6. 收集好相关资料，进行材料的汇总与整理，提交资料部门。

活动流程图（图 2-17）：

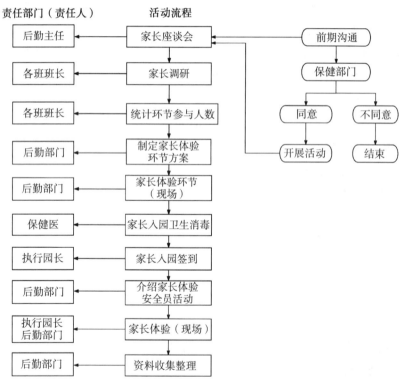

图 2-17 "家长体验安全员——巡查幼儿园安全"活动流程图

■ 活动案例

家长体验安全员
——家长体验安全巡查打卡活动纪实

安全工作是幼儿园的重点工作，是生命线，更是幼儿在园幸福生活的前提。为了进一步加强幼儿园安全防范工作，更好地保证幼儿园师生的生命安全，幼儿园组织开展了"家长体验日之安全员体验"活动。

一、聚共识　走进幼儿园安全工作

4月15日是国家安全教育日，当日每班邀请两名家长志愿者来到幼儿园，在签到环节过后，后勤主任欢迎全体家长志愿者，并为家长们介绍幼儿园的安全工作。在后勤主任的讲解中，家长们能够了解到幼儿园的户外大型玩具、班级中的小玩具其实都是每日安全巡查的重点。在讨论中，家长们共同梳理了幼儿园大门、户外大型玩具、厨房、班级四个重要点位。

二、趣"打卡"　体验安全巡视员工作

家长们讨论后，通过抽签形式，分别抽取不同的"打卡"点位分组"打卡"，幼儿园执行园长、后勤主任、保健主管、安全员分别带领四队家长到四个重要点位进行安全巡查与"打卡"。

第一队，执行园长带领一组家长前往幼儿园大门巡查，家长们发现巡查对象不仅仅是大门，还包括大门的周边环境。他们还一起巡查了幼儿园门卫室，看了幼儿园门卫处的监控视频，认识了认真执勤的保安师傅。乐乐爸爸说："咱们大门的巡查就这么有学问！真不简单！"

第二队，后勤主任带领一组家长来到了户外大型玩具处，在后勤主任的引导下，家长们发现户外大型玩具的连接处是否松动、玩具材料是否被移动等都是巡查关键项。后勤主任向家长们分享了幼儿园大型玩具定期检查的制度和流程等情况。

第三队，保健主管带领一组家长来到了厨房进行巡查，保健主管介绍了幼儿园的食堂安全管理制度，家长们重点查看了食堂器具、储藏室清洁消毒情况、从业人员健康证、食品进货渠道、加工过程等。听了保健主管的介绍，雯雯奶奶说："这比自家厨房干净卫生！"

第四队，安全员带领一组家长来到个别班级进行巡查，检查对象包括班级的门窗、水电、幼儿玩具材料等，家长们看到幼儿园的所有材料都是分类摆放的，特别是小班的剪刀，都是由教师进行单独保管，以确保幼儿的安全。同时，班级也有消杀记录表，严格进行卫生消毒。家长们还查看了班级卫生死角等。他们纷纷表示，老师们的细心让孩子们的在园生活有了安全的保障。

三、话安全　分享讨论幼儿园安全工作

在体验安全员活动中，家长们亲身参与安全巡查，检查幼儿园的安全工作，在活动过程中家长们发现了幼儿园安全防范工作的细致，这些细微之处体现了幼儿园对于师生生命安全的高度重视。最后，家长们纷纷表示愿意来园成为安全巡查员，继续参与幼儿园的安全防范工作。

表 2-12　家长体验安全员活动反馈表

记录人＿＿＿＿＿　班级＿＿＿＿＿　家长＿＿＿＿＿

活动时间		活动地点	
参与环节	暖场环节□	讨论研讨□	安全打卡□
参观幼儿园并安全"打卡"，您有哪些感受			
在安全研讨中，您有哪些感受			
对于今天的活动，您是否满意	整体非常满意□　　整体一般满意□ 整体不满意□		
对于幼儿园的安全工作，您有哪些意见或建议，欢迎您与我们沟通			

（北京市朝阳区枣营幼儿园　刘祎玮、胡玉杰）

案例二：幼儿防拐骗教育——就不跟你走

■ **活动方案**

活动主题：家幼同行——防拐骗鉴别

活动目标：

1. 通过家长情景模拟，帮幼儿识别常见拐骗手段。

2. 助力幼儿增强安全意识，提升防拐骗技能。

3. 家园合作，针对幼儿的薄弱环节制定对策。

活动准备：

1. 在家长群发布通知，征集家长志愿者。

2. 给家长提供剧本，明确角色与分工。

3. 准备知识问答题目及防骗歌。

活动地点：各班教室。

活动流程：

1. 在家长群发布活动通知，明确时间、地点，邀请家长志愿者参与活动。

2. 将家长志愿者分成三组，分组扮演不同年龄段的"陌生人"，尝试用预设话术接近幼儿。

3. 幼儿分享识骗技巧。

4. 家长和教师分享心得并制订针对性的辅导措施。

活动流程图（图2-18）：

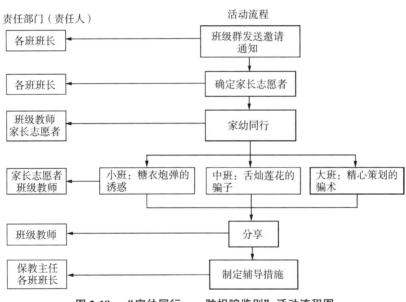

图2-18　"家幼同行——防拐骗鉴别"活动流程图

■ **活动案例**

活动实录：家幼同行——防拐骗鉴别

小班：糖衣炮弹的诱惑

小班的孩子在户外游戏区玩得十分高兴。孩子们在玩"魔幻小厨房"游戏：几个孩子正在往小桌子上摆放小碗、小勺子等餐具，还有几个孩子把从旁边的绿化区摘的叶子当作"菜"，有的在寻找"饭"的替代品，有的在捡野果，场面十分欢快。

他们都没料到危险正在向他们袭来：家长 A 拿着糖果、零食朝他们走过去。

家长 A："宝宝们，这里有好多棒棒糖，大家都过来吃啊！还有好吃的甜甜圈哦！"

看到这么多吃的，孩子们都围了过来，"我要草莓味的棒棒糖！""我要菠萝味的！""我要吃甜甜圈！"孩子们都拿到了自己想要的食物。

家长 A："宝宝们，我家里还有好吃的南瓜面包、芝士蛋糕、柿子条等好多好吃的呢！你们和我一起回去拿好不好？""好！"多数孩子答应了下来，孩子们还在吃着棒棒糖、甜甜圈就被家长们手牵手带走了！

所幸，在建构区游戏中，正在玩游戏的婷婷面对家长 A 的哄骗，她坚守不和陌生人说话的原则，根本就不理骗子，更别提跟她走了。

小班幼儿爱模仿，认识以动作为主，冲动性行为较多，面对家长 A 的美食诱惑，他们在行动上直接接受。于是，在家长 A 的甜言蜜语之下，他们缺乏判断，多数幼儿选择和家长们一起走；但也有少数幼儿的认知发展较好，他们牢记家长的话，不和陌生人走，因此避过了骗子。

中班：舌灿莲花的骗子

与此同时，中班的孩子恰好都在教室玩游戏，早有预谋的家长 B 悄悄地走了进来，她的口袋里装满了好吃的、好玩的，来到小朋友面前，给他们讲故事、送吃的、送玩的，然后邀请小朋友和她一起去玩："宝宝们，游乐场里有海盗船、疯狂老鼠、旋转木马，只要你们和我一起走，我就带你们去游乐场玩，好不好？""我最喜欢玩海盗船了！我可以多玩几次吗？"兵兵问道。家长 B 回答得十分干脆："那肯定没问题啊！"于是，爱玩的兵兵、文文等几个小朋友选择和家长 B 一起走了，而其他的小朋友面对能说会道的家长 B 无动于衷，根本不和她讲话，甚至都不让她接近，更没有和她一起离开。

中班幼儿自我意识逐渐形成，社交能力得到提高，环境意识也显著增强，面对家长 B 的花言巧语，他们牢记家长平时的教诲，运用逻辑思维判断，能做出正确的选择；有少数幼儿活泼好动，喜欢和人接触，不知不觉中被骗子"套路"，随他们而去。

大班：精心策划的骗术

大班的孩子们正在教室里玩，家长 C 急匆匆地跑了进来，对童童说："童童，我是你爸爸的好朋友×××，你妈妈是不是在中心医院上班？你爸爸刚才打电话给我，他和你妈妈到附近的农庄去了，让我把你也带过去！"童童将信将疑："爸爸妈妈去农庄玩？怎么昨天没告诉我呢？"家长 C："是我们的一个朋友今天突然从外地过来，在农庄请客，你爸爸妈妈都已经过去了，叫我把你带过去呢!""哦，那好吧!"童童准备和他一起走。"童童，别和陌生人一起走!"菲菲走过去阻止了童童。与此同时，其他小朋友对于这个叔叔是不是陌生人起了争议。而童童这时也增加了防备意识，不打算和这个叔叔一起走。这个叔叔又掏出手机，准备给他看他爸爸的电话，这时，边上的小朋友们说，他们是经历过防骗考试的，并且已经识破了这个叔叔的身份——是幼儿园找来考验他们的人!

大班幼儿的个性初具雏形，能够控制自己的行为，好学好问，具有一定的逻辑思维能力。在面对骗子时，他们有一定的判断力，而且因为他们的社会性有一定发展，遇到问题时他们会从多方面考虑，并且会出主意，给出一定的解决方案。在此次活动中，他们直接识别出家长 C 是幼儿园找来考验他们的人，与此同时，童童在其他小朋友的劝说下增加了防范意识，决定不和家长 C 一起走;个别幼儿的发展仍然低于本阶段其他幼儿的发展水平，需要借助其他小朋友的帮助才能识破骗术。

(北京市朝阳区丽景幼儿园　段嘉楠、卫德玉、林雪)

 案例三:"我为孩子保驾护航"——家长体验安全员活动

■ **活动方案**

活动主题:我为孩子保驾护航

活动目标:

1. 家长了解运动会流程，能够认识到运动会中幼儿安全问题的重要性。

2. 清楚运动会开展过程中涉及的安全隐患，愿意积极配合幼儿园开展安全检查工作。

3. 在参与安全员的过程中体会幼儿园对幼儿安全保护做出的全面考量，增加家长对幼儿园的信任。

4. 通过自身示范引导和温馨提示，帮助幼儿提升运动会中的安全意识。

活动准备:操场布局图、游戏器材、安全员袖章。

活动地点:操场。

活动流程:

1. 运动会前期安全员确定:

(1) 前期确定运动会开展的时间和预计时长，分发家长问卷，确定最终人员;

（2）幼儿园、教师与家长线上第一次沟通：明确活动规则、活动流程和安全员的责任。

2. 运动会过程中与安全员的沟通：

（1）运动会前期与家长安全员确认游戏的场地、器械等，家园一起进行器械、材料的选择和检查，确保游戏材料无破损；

（2）安全员确认站位和分工：

运动会开展前：再次检查游戏材料是否有破损或存水情况，以及场地设备有无其他安全隐患。

运动会第一部分：关注个别遇到突发情况的幼儿，与幼儿一同热身，通过自身示范，引导幼儿充分活动身体各关节。

运动会第二部分：游戏前将材料摆到适宜的位置，游戏中向幼儿分享安全运动的方法，游戏后带领幼儿整理器械和材料并妥善存放。

运动会第三部分：协助教师组织幼儿有序排队，到班级指定位置集合进行颁奖和合影。

3. 运动会后的安全员经验交流与分享：

（1）分享本次活动后的感受；

（2）讨论：作为本次运动会的安全员，您觉得还有哪些环节存在潜在风险？

（3）讨论：参与本次活动后，对您今后在幼儿安全教育上是否有帮助？

活动流程图（图 2-19）：

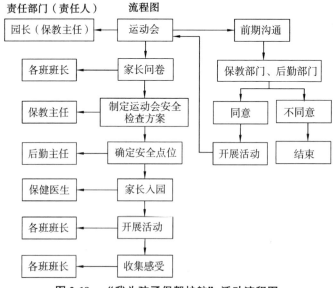

图 2-19　"我为孩子保驾护航"活动流程图

■ **活动案例**

"我为孩子保驾护航"——家长体验安全员活动

场景一：话安全

家长体验运动会安全员活动可以充分发挥家长在安全管理中的作用。在运动会前的安全会上，家长学习了活动原则、活动流程和安全员的责任。在了解运动会相关情况后，家长也提出了运动会的安全问题，例如：如何在人员较多、场地有限的情况下合理利用场地安全开展运动项目？针对这一问题，幼儿园总务主任表示有安全预案：按年龄班及年龄班幼儿人数划分操场使用面积，最大限度为运动会拓展可利用的亲子游戏空间。同时，家长也认同运动会期间暂停大型器械的使用，预留操场最大的运动空间。家长还提出如下建议：在合理划分场地的基础上，必须确保操场安全通道的畅通，不在操场过道处设置运动项目；合理安排活动过程中的路线，避免发生碰撞。在安全会上，教师和家长预设出运动会各环节的安全问题，在讨论过程中逐一提出解决方案，从而避免安全隐患。

场景二：识安全

运动会开始前，幼儿园与家长安全员开展运动会现场安全检查。家长安全员除了要对运动场地及运动项目材料进行细致安全检查外，还需注重安全隐患的排查，如：在检查过程中，家长发现操场有几处地面凹凸不平和地毯翘边的情况，虽然不影响正常行走，但幼儿在奔跑时就极其容易被出现磕绊。发现问题及时调整，幼儿园当即就进行了维修。在现场检查过程中，家长安全员通过亲身体验游戏过程，排查潜在的安全隐患。如：游戏"你争我夺手铃快跑"采用的塑料轮胎较轻，在运送手铃跑动时，容易踢动轮胎碰伤幼儿。针对轮胎轻的问题，幼儿园及时调整游戏材料，将塑料轮胎换成较重的橡胶轮胎并再次尝试游戏，隐患排除后，最终确定采用橡胶轮胎进行游戏。家长安全员全方面地识别运动会安全问题，杜绝了安全事故的发生。

场景三：保安全

在运动会的开展过程中，家长安全员负责不同安全保障工作，以确保活动顺利进行。特别是负责游戏安全保障的家长安全员，他们需要时刻关注和提示幼儿注意游戏安全。如：在"小猴过障碍"游戏中，幼儿将走过10厘米宽的平衡木，家长安全员负责保护走平衡木的幼儿，除了贴身跟随保护以外，还会有"打开双臂、保持平衡、双脚交替走、不跑"等语言提示，随时观察平衡木摆放是否安全平稳。一轮游戏后，家长安全员会调整平衡木的摆放位置，确保平稳不晃动。在游戏过程中，家长安全员通过贴身保护和语言提示，为幼儿提供安全保障，增强其安全感，为运动会的顺利举办做好保障。

（北京市朝阳区西坝河第一幼儿园　严爱佳、李萌、冯怡）

三、家长体验管理者

家长参加园务会活动，是实现家园共育的重要途径之一。通过参加园务会活动，家长可以体验管理者角色，深入了解幼儿园的教育理念、教学方法、课程设置及日常管理等方面的情况；同时也可以与教师共同探讨教育方法和策略，确保家庭和幼儿园在教育目标、教育内容和教育方式上保持一致。

为了更好地实现家长参加园务会的价值，在组织园务会活动前，幼儿园应明确活动目的和主题，精心策划活动内容和形式，提前宣传、通知，并为有序组织好活动流程提供后勤支持，确保活动的顺利开展。活动过程中，幼儿园要确保活动秩序并保障参与安全，及时解答家长的疑问。活动结束后，幼儿园需汇总家长的反馈意见，及时总结活动经验并优化后续方案。

 案例一：携手共育，"童"行远足

■ 活动方案

活动主题：家长体验管理者之远足活动

活动目标：

1. 体验幼儿园保教管理者的工作内容，明晰幼儿远足活动设计的缘由。

2. 能够从不同角度设计秋季远足活动及路线，共同完成不同年龄班幼儿远足活动的设计。

活动准备：

1. 提前通知家长活动时间及地点，准备签到表、家长建议记录表（表 2-13）、地图。

2. 活动时间：幼儿园远足活动前一个月。

3. 活动地点：幼儿园会议室、朝阳公园。

活动流程：

1. 家长参与管理体验前，保教主任（业务园长）、保健主管、总务主任召开预备会，针对本次会议内容进行协商，确定会议时间及地点。

2. 上报召开家长参与行政办公会的申请，经园长办公会审核后召开。

3. 将参与本次活动的家长建立微信群，做好相应的经验准备，如借媒体搜索关于秋季远足活动的经验。

4. 由保教主任介绍设计幼儿远足活动的目的及要求，将幼儿园各部门管理者与家长分为小、中、大班三个组，以小组形式走进朝阳公园进行"踩点"，初步设计活动内容及适宜远足的路线。

（1）由小组自主分工，分别选出组长、记录员、发言人和活动主要设计者，确保人人参与；

（2）保教主任介绍活动的总体要求及材料使用方法，明确每个小组的任务。

6. 小组"踩点"结束后统一回到园内会议室，分别进行不同年龄班秋季远足活动设计分享，并相互提出改进建议。

7. 收集好相关资料，并收集家长参与本次远足活动设计的感受与建议。

活动流程（图2-20）

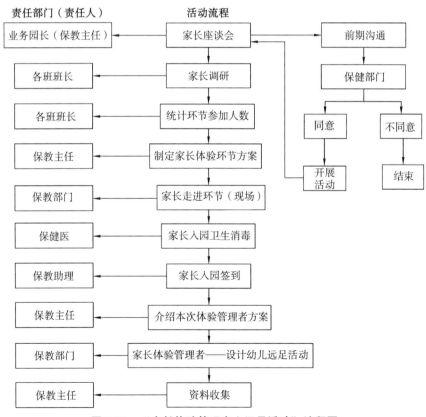

图2-20 "家长体验管理者之远足活动"流程图

■ 活动案例

家长参与"行走式行政会"的探索与实践

本学期，幼儿园通过调查问卷的形式，支持家长体验幼儿园中不同角色的职责与工作内容，幼儿园深度理解幼儿园以"幼儿为本"的办园理念。本次以家长参与幼儿园行走式行政会的方式体验幼儿园管理者为不同年龄段幼儿设计的秋季远足活动，从自我保护、卫生保健、儿童发展等维度规划安全且富有教育意义的路线。

一、明确目的，确定活动内容及分工

本次家长体验管理的目的主要是让家长在体验式、行走式的行政会中了解幼儿园不同部门围绕幼儿外出实践（秋季远足活动）所做的规划。如，活动前各个部门针对远足活动提出要求，明确需要重点关注的内容，确保活动融入多维度的教育目标。活动中，每个部门分别带领不同小组开展秋季远足设计，使活动设计更加详细和周密。

每个小组明确分工，设小组长、记录员、发言人各 1 人；活动的设计由大家共同完成。每组必须有园内行政人员 2 名，保证活动设计过程顺利进行。

二、做足准备，为活动顺利进行提供支持

1. 丰富经验，为远足活动设计提供经验准备。

首先，确定活动目的后，保教部门可以在家长进园参与活动前请家长在网上收集关于秋季远足活动的有趣方案及相关活动计划，丰富家长活动设计的经验。

其次，朝阳公园是家长们比较熟悉的场地，家长通过拍照、视频的方式提前进行"踩点"，将适合休息、盥洗、游戏的场地在微信群内进行分享，发挥家长资源的互补优势。

2. 提供材料，为远足活动设计提供物质支持。

首先，根据活动方案的每个环节，梳理所需要的物质材料，并交由一人负责。

其次，根据朝阳公园较大、路线较多的特点，提供统一的公园路线图，便于家长在路线图上进行标注与记录。

最后，支持家长将活动设计中所需要的材料通过实物、拍照、视频录制的形式进行保存，使回园后的分享交流环节更具体验性。

三、分享交流，增进家园间情感互动

1. 分享活动方案设计，为丰富幼儿远足活动出谋划策。

小组可借助朝阳公园图纸、照片等形式进行展示，方便其他人观看和理解。本环节应充分发挥家长资源优势，给予家长出谋划策的机会。在此过程中，家长针对个别问题进行了讨论，例如：基于小班幼儿的体能，活动从幼儿园出发合适，还是直接在公园门口集合合适？中班和大班幼儿收集的树叶等材料，如何能发挥它们的作用，支持幼儿进一步开展相关活动？

2. 分享参与活动感受，增进家园间情感。

在活动最后，通过分组汇报、圆桌讨论等形式，梳理家长与园方的改进建议，为下一次活动提供可借鉴、可完善的依据，使活动更加顺利。

表2-13 家长体验管理者之远足活动记录表

组别（大班、中班、小班） 日期：

组长：	记录员：	发言人：
朝阳公园停留地点		
游戏设计		
注意事项		
活动中您看到了怎样的幼儿园管理		
活动参与后的感受与建议		

（北京市朝阳区枣营幼儿园 常鹏、杨京蕊、郭雅军）

 案例二：家园同心，共育未来：园务会中的家长参与

■ 活动方案

活动主题：家长与幼儿园共成长——我做管理者

活动目标：

1. 家长参加幼儿园管理例会，了解幼儿园本月各部门工作落实及幼儿发展情况，增进对幼儿园工作的理解与信任。

2. 家长参与重大事项决策，并对幼儿园的教育和管理工作提出建议，提高幼儿园教育质量。

3. 幼儿园了解家长需求和期望，改进教学方法、管理模式等方面的工作，清晰下月工作重点，不断提高幼儿园的服务水平。

活动准备：通知意愿家长活动时间、活动内容。活动反馈表（表2-14）等。

活动地点：幼儿园会议室。

活动流程：

1. 介绍活动目的及流程。

（1）主持人介绍幼儿园管理层成员，并对他们的职责进行概述；

（2）主持人向家长介绍本次活动的目的、意义和价值；

（3）主持人向家长简要说明本次园务会的预期成果及整体流程。

2. 专题性学习与分享。

（1）组织者准备一些关于幼儿教育管理的最新理念或实践案例，以纸质或电子形式发放给家长；

（2）参与家长花一定时间阅读材料，并进行小组讨论，以促进理解和吸收；

（3）每个小组选出一名代表，上台分享学习感受和心得，以及如何将所学应用到幼儿园的日常管理中。

3. 工作汇报与幼儿发展情况介绍。

（1）幼儿园各部门利用演示文稿或其他辅助工具，汇报本月的工作进展和成果；

（2）幼儿园各部门介绍幼儿在各项活动中的进步与成长；

（3）家长提问与讨论，对幼儿园教育和管理工作提出建议，说明家长层面的需求与期望。

4. 下月重点工作沟通。

（1）各部门代表介绍下月的工作计划和重点任务，包括即将开展的活动、需要家长配合的事项等；

（2）参与家长根据介绍内容对重大事项进行讨论，幼儿园管理者收集家长的意见和建议。

5. 家长分享环节。

（1）家长通过问卷调查、口头反馈或小组讨论等形式，分享本次活动的感受；

（2）主持人总结家长的反馈，对家长的积极参与表示感谢，并承诺将反馈纳入未来的活动改进中。

6. 结束活动。

主持人宣布活动结束，并提醒家长关注后续的通知和信息更新。

■ 活动案例

北京市朝阳区劲松第一幼儿园家长参与园务会活动

作为教育合作者，家长需与幼儿园之间保持有效的沟通并密切配合。为了更好地促进家园共育，增强幼儿园工作的透明度，北京市朝阳区劲松第一幼儿园于 2024 年 5 月 20 日下午开展了"家长与幼儿园共成长——我做管理者"活动。来自小、中、大班三个年龄阶段的家长代表走进园务会现场，参与园务会活动。

温暖开场·建立共识

带着对"我做管理者"活动的期许和紧张，怀揣着对幼儿园管理工作的关心与支持，家长代表如约而至，幼儿园管理者及家长代表通过热情问候拉近了彼此的距离。主持人向家长简要说明了本次园务会的活动目的及整体流程，双方达成了基于"举众人之手，擎发展之天"管理理念的活动共识。

理论学习·引导共思

在第一环节中，主持人带领大家进行了学前教育理念专题学习，学习的内容以教育部启动的"守护育幼底线　成就美好童年"第十三个全国学前教育宣传月活动为主题，向家长宣传了科学保教理念，帮助家长充分认识违反幼儿身心发展规律的危害。双方围绕"如何为学前儿童提供适龄适性的保育教育"展开研讨，现场讨论热烈。

建言献策·达成共识

在第二环节中，幼儿园各部门分享上月工作小结与下月工作计划，商讨幼儿园管理工作的重要事项。其中，教保部门主要围绕六一儿童节活动，以及六月份如何根据《入学准备教育指导要点》等政策性文件开展大班幼儿毕业季活动方面进行了分享，并向家长代表征集了关于入学准备经验交流活动需求的调研。家长代表对于以上事项进行了讨论与发言，提出了家长层面的诉求与期许，发挥了家长"体验管理者"的力量。

感受分享·凝聚共情

在结束环节中，幼儿园向家长发放了活动反馈表，邀请家长填写并分享今天参与活动的感受。家长代表表示，孩子在幼儿园进步显著，通过园务会能够感受到各部门老师工作的辛苦和不易；能够有机会参与到活动中为孩子们期待的儿童节和毕业季活动出谋划策，感到十分幸运，作为家长

一定全力配合幼儿园。幼儿园管理者表示，家园携手会带来更温暖更有效的共育，期望家长以后继续加入幼儿园管理工作中来，凝聚共情、碰撞智慧，共同促进幼儿全面发展。

表 2-14　家长体验管理者——家长参与园务会活动反馈表

家长姓名：　　　幼儿所在班级：　　　家长与幼儿的关系：　　　参与时间：

1. 您愿意参与园务会吗？	□愿意　　　□不愿意
2. 您参与了幼儿园园务会哪些环节？	□学前教育理念专题学习 □重点工作汇报 □重大事项沟通 □周工作部署
3. 在您参与的园务会各环节中，印象最深的是哪个环节？	□学前教育理念专题学习 □重点工作汇报 □重大事项沟通 □周工作部署
4. 您对幼儿园开展的园务会，从沟通环节到沟通内容，有何感受？	
5. 您对幼儿园园务会的召开有何建议？	

（北京市朝阳区劲松第一幼儿园　刘雪松、孙一淞、李欣）
（北京市平谷区第二幼儿园　岳元帅）

案例三：膳食管家之旅，携手共建健康桌

■ 活动方案

活动主题：膳食管家之旅，携手共建健康桌

活动目标：

1. 鼓励家长亲身体验膳食管理的全过程，提升膳食管理的透明度。

2. 优化完善幼儿园的膳食安全管理制度。

3. 增强家长对食品安全的意识，提升家庭的自我保护能力。

活动准备：《食品安全备案表》《食材采购清单》《膳食质量反馈表》等。

活动地点：厨房、会议室。

活动流程：

1. 食品安全卫生小组组长介绍活动目的及流程。

（1）宣布家长膳食小组成立，组建由家长代表组成的膳食监督小组，定期参与幼儿园的膳食安全检查、评估和改进工作；

（2）向家长介绍膳食监督小组的目的、意义和价值。

2. 介绍膳食安全小组的管理内容。

（1）食品管理——采购、储存、加工；

（2）食堂管理——食堂人员、卫生；

（3）就餐管理——品餐、营养搭配。

3. 体验食品安全膳食管理。

（1）食堂管理员讲解审查食品安全的要求；

（2）检查食堂工作人员的健康证、食堂的卫生许可证；

（3）家长品餐并填写《膳食质量反馈表》，对饭品口感、营养搭配提出建议。

4. 家长分享环节，请家长分享参与本次活动的感受和建议。

■ **活动案例**

华洋紫竹幼儿园家长体验膳食安全管理的开放活动

幼儿园邀请家长以参观者、检查者、体验者的身份来了解幼儿园的膳食安全工作是如何开展的，通过不同的环节呈现，让家长深刻地了解食品安全的重要性，共建食品健康桌。

一、丰富家长食品安全管理的知识

通过食品安全总监的讲解，家长能够了解幼儿园食品安全管理的相关制度——《餐厅管理制度》《食品留样管理制度》等。例如：知道食品安全总监、食堂管理员分别负责哪些工作；厨房的管理；食品的管理；等等。家长纷纷表示，幼儿园的食品安全管理制度非常严格，同时也学习到了很多日常可用的知识。

二、提高家长对食品安全管理的认可度

在体验膳食安全管理中，家长检查了食堂人员的健康证和食堂的卫生许可证，通过厨房视频还直观地观察到了食堂工作人员在操作过程中的卫生标准，如穿戴整洁的工作服、在操作前后洗手消毒等。家长能够看到食堂的流程和标准是符合卫生和安全相关规定的，肯定了幼儿园对膳食工作的日常管理。

三、增强家长对膳食营养的重视程度

在品餐环节，保健医向家长介绍了营养餐的制订，家长能够了解到幼儿每天摄入的营养成分，不仅丰富了家长的饮食知识，还能让家长监督幼儿园是否按照儿童成长需求提供足够的蛋白质、维生素和矿物质等。

家长也会提出对食谱中菜品的搭配建议，幼儿园可以根据这些建议调整食谱，使之更适合幼儿的口味和营养需求。

四、构建良好的沟通平台

邀请家长加入幼儿园膳食安全小组，可以更好地监督幼儿的食品安全。幼儿园管理者用问卷调研、座谈会等方式收集家长对于食品安全管理的意见和建议，不断地改进幼儿园食品安全管理制度。同时，鼓励家长参与食品安全宣传，促进家园的合作，提高家庭的食品安全意识和自我保护能力。家长体验幼儿园膳食管理活动，不仅可以增强家长对幼儿园的信任，促进家园合作，也可以加强家长对于幼儿园食品安全把控的了解，共同为幼儿的健康成长努力。

（北京市朝阳区华洋紫竹幼儿园　牛颖、卫铜、赫颖）

◆参与课程研究

一、家长参与教研活动

《幼儿园教育指导纲要（试行）》提出："家庭是幼儿园重要的合作伙伴。"幼儿园应主动与家长沟通，并与家长密切合作，共同促进幼儿健康成长。除了以往的家长观看活动、亲子活动、家长沙龙、家长会等，还可以有哪些活动呢？为此，幼儿园尝试了邀请家长参与园本教研的活动。幼儿园园本教研活动作为提升教师专业能力的有效手段，其最终目的是促进教育的高质量发展，促进幼儿的健康成长。家长参与园本教研活动，可以从不同的视角聚焦幼儿教育的特定问题。利用不同教研参与主体之间的相互作用、相互影响，既可以提升幼儿教师的专业素养，又可以丰富家长的育儿策略，推进幼儿园教育与家庭教育质量的提高，促进幼儿健康成长。

案例一：观察户外活动　研读幼儿成长（大班）

■ **活动方案**

活动主题：家园观察评价　读懂幼儿成长（大班）

活动目标：

1. 帮助家长掌握幼儿动作发展的评估要点。

2. 教师与家长协同运用观察量表记录、了解、评价幼儿大肌肉、小肌肉发展及在运动中综合能力发展状况。

3. 教师与家长能从多角度评价幼儿的发展。

活动准备：观察记录表、户外游戏材料、拍摄设备（手机或录像机）。

活动地点：会议室、操场。

活动流程：

1. 教师向家长介绍活动目的及幼儿动作发展的规律。

班级教师向家长介绍本次活动的目的、意义和价值。

2. 向家长分享幼儿动作发展的内容及体育活动对幼儿健康成长的意义。

（1）借助教育部《3~6岁儿童学习与发展指南》《幼儿园教育指导纲要（试行）》《学前儿童健康学习与发展核心经验》等文件及幼儿成长教育类书籍，与家长分享相关专业知识，为有效地开展教研活动做好充足知识准备，以便达成共识；

（2）教师向家长介绍观察量表的记录和使用方法，并引导家长用手机或其他电子设备等记录幼儿在户外游戏中的表现。

3. 走进户外体育活动，观察记录幼儿动作发展。

（1）教师、家长共同运用观察评价量表对幼儿在户外体育活动中的大肌肉、小肌肉发展及在运动中综合能力发展状况予以如实记录，收集有效信息；

（2）教师、家长通过照片、视频的方式对幼儿基本动作发展的过程进行记录。通过日常观察和文字描述等形式记录孩子的成长过程。

4. 家园座谈分享。

（1）针对当日活动的观察记录请家长分享参与此次活动的感受；

（2）针对当日活动的观察记录请教师介绍幼儿动作发展情况及参与活动的感受；

（3）通过座谈分享达成共识：体育活动对幼儿的健康成长很有意义，同时要加强对幼儿大肌肉、小肌肉发展及在运动中综合能力发展的观察，多角度地深入了解幼儿的个体差异及当前的发展状态，从而更加有计划、有目的地促进幼儿健康成长。

活动流程图（图 2-21）：

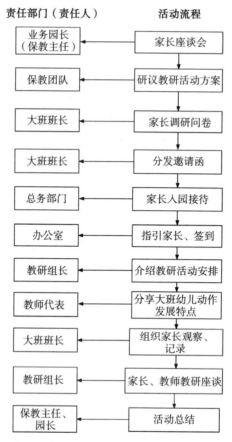

图 2-21　"家园观察评价 读懂幼儿成长（大班）" 活动流程图

■ 活动案例

家园观察评价　读懂幼儿成长——大班家长参与园本教研活动

金秋十月，幼儿园邀请家长代表走进幼儿园参与园本教研活动。家长们通过聆听教师分享、走进户外现场观察、使用电子设备及观察量表记录、参加座谈等，有目的、有计划地观察了解幼儿的动作发展及综合发展现状，零距离感受幼儿的成长，提升了家长健康育儿的理念，加强了家庭与幼儿园的联系与合作，体现了协同育人的理念。

听——聆听教师分享

本次园本教研活动，首先，大班组教师根据相关文件和书籍向家长分享幼儿成长教育类专业知识。其次，分享了幼儿园坚持幼儿游戏为基本活动，以丰富多彩的户外体育活动促进幼儿全面发展的教育理念及当前幼儿园阳光体育户外课程的研究进展。最后，教师向家长们介绍了幼儿体育活动的形式、观察量表的使用方式，为有效地开展教研活动做好充分准备。

看——走进户外现场观察记录

家长们走进户外操场，共同参与到幼儿的热身操环节，随后教师组织开展了"松鼠和大树""两人三足"集体游戏和户外低结构游戏材料的自主游戏，幼儿自主选择轮胎、攀登架、桌子、垫子等搭建他们喜欢的闯关赛道。家长在各环节游戏中，观察幼儿的行为，用手机、纸笔记录幼儿的语言和表现，及时填写观察量表。他们个个聚精会神，静下心来看，有目的地观察，认真记录，感悟幼儿成长带来的喜悦。

研——研读幼儿的成长

观察幼儿体育活动后，教师和家长围坐一起，针对今天的观察记录，就观察到的幼儿动作发展情况、看到的幼儿发展、孩子的游戏故事精彩片段进行交流分享。家长纷纷表示，通过近距离观察更了解孩子的发展、孩子的想法，同时也表示今后在家庭中也会创造条件支持孩子运动；老师也针对游戏中的"哇时刻"、孩子的成长及下一步教师的支持策略进行了交流。

谈——观察后座谈

教师、家长共同分享观察记录幼儿体育活动的感受，双方就体育运动对幼儿的健康成长有意义达成了共识，并且都提出了今后结合家庭资源、幼儿园资源等支持幼儿运动发展的策略。最后教保主任和园长也针对此次活动分别做了总结：此次园本教研一方面提升了教师的专业素养，一方面提升了家长科学育儿能力，充分体现了家园携手共同促进幼儿健康成长的协同育人理念。

(北京市朝阳区秀园幼儿园　杨晶悦、张靖、王爱芹)
(北京市朝阳区教育科学研究院　刘洁红)

案例二：家园共研，提升共育教育水平

■ **活动方案**

活动主题：幼儿园与家庭共教育——隔代教育的价值

活动目标：

1. 通过观看录像，使家长了解孩子们眼中的祖辈，了解隔代教育，更好地挖掘隔代教育的教育价值。

2. 通过辩论赛的形式，营造积极陈述、敢于质疑的研讨氛围，培养教师在有限的时间内进行有效的语言表达的能力，培养教师多角度思考问题的能力及提升教师思维的逻辑性、缜密性、全面性等。

3. 丰富家长的科学教育知识，提升家长的家庭教育能力。

活动准备：录像《我眼中的爷爷奶奶》、记录表。

活动地点：多功能厅。

活动流程：

1. 邀请各班级幼儿的爷爷奶奶或姥姥姥爷代表，来参加本次教研活动。

2. 教师和家长共同观看录像《我眼中的爷爷奶奶》，教师分析录像，引出论点。

3. 根据录像，教师分正、反方两组讨论，各组确定辩手，家长作为参与者可以发表建议。

4. 围绕辩题"隔代教育对孩子发展的利与弊"开展现场辩论，做好记录。

5. 分小、中、大班三组讨论，挖掘隔代教育的价值。

要求：

（1）教师和家长分成小、中、大班三组，结合如何挖掘隔代教育的价值开展研讨；

（2）每组选出一名记录人，对大家的想法进行梳理并记录；

（3）请各组组长做好分享准备。

6. 各组按序分享。

7. 以故事的形式请家长和教师谈一谈对隔代教育的思考，如长辈对晚辈教育中的遗憾及改进方法。

■ **活动案例**

家园共研——隔代教育
——华洋紫竹幼儿园教研活动

幼儿园以开放的形式邀请隔代家长走进幼儿园参加教研活动。家长以研讨者、倾听者的身份，深入感受、反思隔代人对孩子们的教育作用，挖掘隔代教育的教育价值，以促进孩子发展，家庭教育的进步。

[阐] 活动主旨

幼儿园以节日课题"幼儿园节日主题课程建构的行动研究"为载体，充分挖掘节日的教育价值，利用重阳节活动的契机，引领教师、隔代家长关注幼儿，提升教师专业能力；帮助老人形成科学的教育观念和教育方法。

[研] 隔代教育

教师通过分析录像，围绕辩题"隔代教育对孩子发展的利与弊"展开现场辩论，正反两方教师积极陈述自己的观点，家长代表也有感而发主动参与到自由辩论环节。辩论过程中，老师将《幼儿园教育指导纲要（试行）》与《3~6岁儿童学习与发展指南》的精神与实际行为对接在一起，论点有理有据。教师和家长都非常积极主动，大胆表达自己的想法，梳理出10条利、9条弊，以及15条改进弊的好方法。

教研以故事的形式请家长和教师谈一谈隔代教育中的思考，教师及家长感触特别深。通过情感共鸣拓展教师的思维，使之更新在日常教学中的观点和解决日常教育难题的思路。

参与式的小结，给每位教师思考表达的机会，在此基础上帮助教师进行细致梳理，达成关注老人、了解老人、理解老人、尊老敬老行动等，进而逐层深入地帮助幼儿知、情、意、行合一和坚持教育的一贯性等共识，从而引导幼儿形成尊老孝亲的责任意识、习惯和品质，努力成为为幼儿终身发展做有意义、有价值奠基的教育者，并向幼儿播撒尊老孝亲的种子。

[享] 家园共育

家长工作一直都是幼儿园教学工作中重要一环，只有建立良好的家园关系，才能更好地促进孩子的健康发展。在幼儿园的教研活动中，我们一如既往地注重家长工作，邀请家长来园参与园内教研，加强与家长的交流与沟通，拓展家园联系的渠道。

（北京市朝阳区华洋紫竹幼儿园 杨秋玲、赵蕊、范婧）

 案例三：家园共研究——如何看待孩子的游戏

■ **活动方案**

活动主题：家园共研究——如何看待孩子的游戏

活动目标：

1. 通过家园共研，帮助家长理解游戏对幼儿发展的价值。

2. 通过观察幼儿游戏，分析幼儿的发展情况，对幼儿游戏进行有效支持。

3. 能够结合家庭优势创造性地开展亲子游戏。

活动准备：不同的玩具；幼儿自主游戏视频；观察表格；《幼儿园教育指导纲要（试行）》与《3~6岁儿童学习与发展指南》。

活动地点：幼儿园会议室。

活动流程：

1. 介绍活动目的及流程。

（1）教研组长向家长介绍本次活动的目的、意义和价值；

（2）将日常家长问题整理并张贴，通过本次教研解决家长的困惑和问题，形成教育的一致性。

2. 家长体验环节。

（1）给每位家长提供一种玩具，请其自行操作；

（2）请家长分享在操作玩具的过程中遇到什么问题，分享自己所玩的玩具对自己或孩子有什么意义。

3. 观摩交流环节。

（1）观看视频，边看边记录幼儿表现；

（2）围绕视频进行讨论：游戏中儿童的状态是什么样的？孩子在游戏中有什么发展？幼儿游戏中哪个细节最令人感动，为什么？教师在游戏中是如何支持孩子的，效果如何？

（3）教研组长列出讨论专题：如何根据幼儿游戏促进孩子在原有水平上的发展（以建构区为例）。

介绍不同年龄段建构区发展目标和典型行为，再次播放建构区视频，并在观摩后请家长参照目标进行讨论。

4. 家长分享环节。请家长分享今天参与活动的感受，以及家庭亲子游戏经验。

活动流程图（图2-22）：

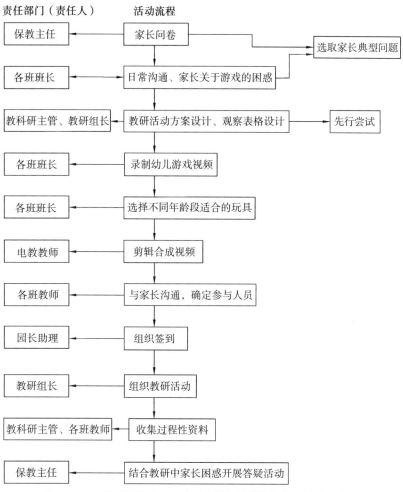

图 2-22　"家园共研——如何看待孩子的游戏"活动流程图

■ **活动案例**

家园共研究——如何看待孩子的游戏

观察是了解和理解幼儿的基本路径。通过观察，家长能够看见幼儿真实的成长，会为孩子的每一个进步和惊喜而赞叹。这种密切的亲子关系不仅能让家长更好地支持孩子的自主游戏，推动孩子的自主发展，还能让家长感受到自身的价值，明确前行的方向。爱和幸福也会在家长与孩子之间绵延不绝地流淌。

观察有方法

• 观察幼儿与他人互动

家长可以通过观察孩子与不同人的互动，更好地理解孩子的行为模式和社交策略。比如，观察孩子与爸爸互动时，可能会发现孩子更加活泼好动，喜欢与爸爸一起进行一些具有挑战性的游戏。了解到这些差异后，家长可以思考不同家庭成员的特质，以及孩子是如何根据这些特质调整自己的行为的。这不仅能让家长更全面地认识孩子，还能为家长提供更多教育孩子的思路和方法。

• 观察幼儿自主游戏中的表现

在孩子进行自主游戏时，家长最好在一旁静静地观看，不要轻易打扰孩子。可以仔细记录孩子的游戏行为、情绪变化及语言活动等。当孩子在游戏中遇到无法解决的问题或者偏离游戏主题时，家长再适时地进行科学引导。比如，孩子在搭建积木的过程中遇到困难，不知道如何继续搭建时，家长可以通过提问的方式引导孩子思考，如"你觉得我们可以用什么形状的积木来搭建这个部分呢?"这样既能帮助孩子解决问题，又能培养孩子的独立思考能力。同时，家长还可以观察孩子在游戏中的情绪变化。

观察有方向

• 观察孩子的兴趣爱好

在幼儿自主游戏中，家长可以仔细观察孩子对不同游戏类型的兴趣。有些孩子可能对建构游戏情有独钟，他们会花费大量时间用积木搭建各种形状的建筑物，如"城堡""高楼"等。从孩子专注搭建的过程中，家长可以看出他们对空间结构的探索兴趣及动手操作的能力。而有的孩子则热衷于角色扮演游戏，一会儿扮演医生给"病人"看病，一会儿又变成"老师"给"学生"上课。这显示出孩子对不同社会角色的好奇和模仿欲望，也反映出他们丰富的想象力。

- 观察孩子的游戏水平

孩子的游戏水平可以从多个方面体现出来。首先，家长可以观察孩子在游戏中的规则意识。比如，在玩棋类游戏时，孩子是否能够理解并遵守游戏规则，是否会耍赖或者随意更改规则。其次，观察孩子解决问题的能力。当游戏中出现困难时，孩子是如何应对的？是主动思考寻找解决办法，还是立刻向家长求助？例如，在拼图游戏中，如果孩子遇到一块难以找到的拼图，他们可能会尝试从不同角度去观察、比较，最终找到正确的拼图，这体现了孩子较高的思维能力和解决问题的能力。再者，家长还可以观察孩子在游戏中的持续时间和专注程度。如果孩子能够长时间专注于一个游戏，不被外界干扰影响，说明其具有较好的专注力和耐心。

- 观察孩子的交往合作能力

在幼儿的自主游戏中，交往合作能力是一项至关重要的发展指标。家长通过仔细观察，可以更好地了解孩子在这方面的表现，为培养孩子的社交能力提供参考。

家长观察孩子的交往方式、观察孩子的合作行为，给予孩子适当的引导，在游戏的同时发展孩子的社会性。

幼儿的自主游戏是他们探索世界、发展能力的重要途径，而家长在这个过程中的引导起着关键作用。我们需要引导家长树立让孩子当游戏主角的思想。还有，家长可以通过语言、表情等方式进行隐性引导，帮助孩子更好地进行游戏。此外，家长还可以适当地参与孩子的游戏，以平等的身份与孩子一起游戏互动。游戏结束后，家长可以与孩子一起回顾游戏过程，给予孩子积极的评价。总之，家长在观察幼儿自主游戏时，要运用正确的引导策略，让孩子在游戏中快乐成长。

（北京市朝阳区丽景幼儿园　时鸿雁、付海燕、任颖、王玉茜）

二、家长参与课程审议

幼儿在园成长的过程中，幼儿园课程起着至关重要的作用。它不仅是达成幼儿园教育目标的关键途径，也是帮助幼儿获得有益学习经验、推动其身心全面发展的各类活动总和。

家长作为幼儿成长过程中最重要的陪伴者和引导者，如果能够邀请其参与到课程审议中来，不仅能够丰富课程资源、增强课程的适切性，更能够提升家长对幼儿园活动的参与度，密切家园关系。审议前期，幼儿园可以借助调查问卷、访谈等方式提前了解家长的心声。同时，运用线上微论坛的方式向家长介绍参与课程审议的意义。审议过程中，家长可以通过菜单式参与的形式，自选参与课程审议的环节。审议活动后，班级教师还会通过班级群进行课程宣传，让更多的家长了解和参与到课程中来，形成教育合力，共促幼儿成长。

 案例一：共议课程　共促成长

■ **活动方案**

活动主题：家园同频——走进幼儿园课程

活动目标：

1. 了解幼儿园课程建设与实施情况，基于本次审议主题提出合理建议。

2. 幼儿园和家庭双向交互，密切家园联系。

活动准备：

1. 提前通知家长参加时间及地点。

2. 签到表、家长反馈表（表2-15）。

活动时间：

每月第四周的周五13:00—14:30。

活动地点：幼儿园会议室。

活动流程：

1. 各部门进行细节沟通，为课程审议活动顺利开展提供保障。

（1）课程审议活动开始前，执行园长、保教主任召开预备会，分析审议活动价值，确定时间、地点及参与人数；

（2）向园长上报召开课程审议的申请并说明目的，审核通过后进行后续流程。

2. 收集家长想法，确定审议活动主题。

（1）班级教师以问卷形式向家长进行调研，了解家长需求及想法；

（2）保教主任听取各班反馈，制订审议活动方案。

3. 确定参与活动人员，做好活动的前期准备。

（1）每班教师及家长代表参与审议活动；

（2）各班教师做好课程审议前的准备，通知相关成员时间、地点。

4. 有序组织活动，注意材料收集与整理。

（1）保教主任组织家长有序进入幼儿园，保健医生负责入园的消毒工作，保教助理引导家长签到；

（2）保教主任介绍本次课程审议的目的及具体流程，组织相关活动；

（3）保教助理做好会议记录，收集家长建议及相关资料，并向园长汇报活动情况。

活动流程图（图2-23）：

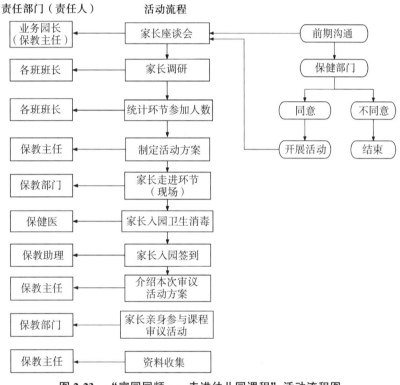

图2-23 "家园同频——走进幼儿园课程"活动流程图

■ **活动案例**

幼儿园课程审议活动的思与行

在"携手共读，相伴成长"的园本课程理念引领下，我们围绕学前阶段幼儿的发展目标及家长对现阶段亲子共读的困惑，组织家长参与到课程的审议中去，更有效地促进幼儿园与家庭的有机融合，从而实现家园协同育人的共同目标。

审议前：明确审议价值，确定审议内容。

在正式邀请家长来园参与课程审议前，班级教师先是以电子问卷的形式收集了家长对已有幼儿园课程的困惑和建议，结合问卷结果及幼儿园课程实施情况，确定了本次课程审议活动的主题；并通过"线上微论坛"的形式，向家长介绍课程审议的意义及价值。因此，家长在进园亲身参与课程审议活动时，便带着好奇和期待，从而能够深度参与到课程审议的活动中去。

除此之外，班级教师还根据课程需要，提前发出家长资源共享倡议。比如在绘本馆和出版社工作的家长，可以担任"分享人"的角色，将有趣的绘本故事以独特的分享方式共享给更多的教师和家长。

审议中：多元审议方式，强调民主与共融。

本次活动以"大组沙龙""小组研讨"相结合的形式开展审议活动。

在"大组沙龙"中，所有家长和教师都以参与者的身份参与到沙龙活动中，自愿、自主表达自己对幼儿园课程的期望。如：希望课程中可以包含绘本游戏、绘本表演等与阅读相关的活动等。另外，我们还会以"共读一本书"的形式，丰富家长和教师对课程内容的相关认知。

在"小组研讨"中，我们一般会根据幼儿的年龄特点进行分组。研讨的主题往往是针对本年龄段幼儿的共性话题。比如：大班家长常常关注如何做好幼小衔接、如何提高大班幼儿的阅读能力等；在课程活动中，作为家长如何支持幼儿等。在小组式讨论中，家长畅所欲言，真正地激发其参与课程审议活动的主动性。

审议后：关注实施效果，聚焦幼儿发展。

审议活动后，我们会将本次审议活动的研讨过程及成果形成文本，将成果转化为分层实施计划。班级教师进行课程宣传，让更多的家长理解并参与课程，形成正向合力。

在课程实施中，幼儿园以"幼儿园—家庭""家庭—幼儿园"双向路径形成家园课程效果反馈方案，例如，在实施"我的小手真能干"小班班本课程中，我们从培养幼儿养成基本的生活自理能力出发，结合"小手本领多"家园日志，和家长一起帮助幼儿记录下小手的本领，定期进行双向反馈。教师和家长可以共同关注到课程的实施效果，既贴合了幼儿的发展需要，也为课程的走向提供了指引和帮助。

表 2-15　家园同频——走进幼儿园课程审议活动反馈表

反馈人：　　（　　）班级（　　）家长

会议主题	
会议时间		会议地点	
本次审议您印象最深刻的是哪个环节？	绘本共读□　　　大组沙龙□　　　小组研讨□ 线上微论坛□　　线下家长座谈会□
本次活动使幼儿哪些方面得到发展？	
参与课程审议活动后有何感受？	

（北京市朝阳区枣营幼儿园　佟研、杨京蕊）

案例二：家长参与课程审议

■ **活动方案**

活动主题：家长参与课程审议——幼儿园竹文化自然课程建设

活动目标：

1. 家长更深入地了解幼儿园自然课程的教育理念、课程目标及实施方式。

2. 从多元视角出发，丰富幼儿园竹文化自然课程建设的资源。

3. 教师明确自然课程实施的方向和重点，有针对性地进行引导。

活动准备：幼儿园开展竹文化自然课程的建设方案、幼儿游戏环境图片。

活动地点：幼儿园会议室。

活动流程：

1. 科研主任介绍活动的背景和目的。

（1）介绍参与本次竹文化课程审议的成员；

（2）介绍前期幼儿园竹文化自然课程的建设进程及背景。

2. 对本次活动的课程审议内容进行简单梳理。

（1）结合幼儿园整体教育理念，讨论并确定竹文化自然课程的教育目标；

（2）审议竹文化自然课程的具体内容；

（3）设计适合幼儿年龄特点和学习特点的游戏形式，如：观察实验、社会实践等；

（4）讨论并确定实施课程所需要的教具材料、场地等资源。

3.分成若干小组进行审议，教师加入各小组一同讨论。

4.各小组分享审议的观点和经验。

5.根据家长讨论的结果，形成课程决议，明确后续的行动计划和责任分工。

活动流程图（图2-24）：

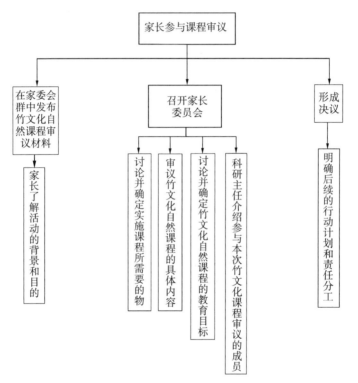

图2-24 "家长参与课程审议——幼儿园竹文化自然课程建设"活动流程图

■ **活动案例**

华洋紫竹幼儿园开展竹文化自然课程审议活动

华洋紫竹幼儿园邀请家委会成员开展竹文化自然课程审议活动。在活动开展的前期，活动的组织者提前准备并分发竹文化自然课程审议材料，包括课程草案、相关研究成果、案例分析等，家长在充分了解幼儿园的审议基础上参与活动，在审议活动中更有针对性地发表观点。在自然课程审议的每一项审议内容中，组织者为家长提供了具体的讨论问题，以便家长能够有针对性地准备和发言。在竹文化自然课程资源建设过程中，幼儿园充分挖掘了家长的丰富资源、调动了家长参与课程审议的积极性，优化了幼儿园竹文化自然课程的设计，丰富了幼儿在自然课程中的学习方式，提升了幼儿的学习体验。

挖掘资源，丰富课程建设

家长们来自医疗、互联网、文化传媒等不同行业，不同的行业背景带来了多样化的信息。邀请家长参加课程审议，充分挖掘家长的资源，丰富了幼儿园竹文化的自然课程内容，共同商讨出"竹子精神""自然材料的运用""走进自然亲子实践""幼儿园建立自然博物馆""公园实地考察"等丰富的课程形式。在会议上，家长借助自身的资源优势，提出可以为幼儿提供自然课程的实物、图片、视频等素材，拓展幼儿的学习视野，促进了幼儿在认知、情感、社会性和身体等方面的发展。

家园共参与课程审议，达成课程目标

在幼儿园竹文化自然课程的审议中，家长和教师共同探讨如何将德、智、体、美、劳等多方面的教育内容融入自然课程，家长就课程目标提出了自己的见解和建议，教师则根据幼儿发展的阶段目标、幼儿的年龄特点及班级开展的自然活动内容进行介绍，让家长更加明晰，使确定的课程内容更贴近幼儿的实际生活，确保趣味性和科学性，明确自然课程实施的方向和重点，让自然课程的目标能够顺利达成。

分析审议内容，提升课程质量

在幼儿园自然课程审议开展前，幼儿园通过前期的问卷调查、家长访谈等方式收集家长对于开发幼儿园竹文化自然课程的兴趣点、关注点及建议。提醒家长在日常生活中关注幼儿对于自然课程的兴趣和反应，在自然课程审议活动中进行分享，教师在了解家长对自然课程的前期经验基础上，为课程审议提供基础的数据，从而有重点地进行课程审议的活动组织，共同确立课程审议的内容。自然课程活动审议结束后，教师对家长的会议记录进行分析和总结，后期继续收集家长对自然课程的反馈意见和建议，了解家长对于自然课程审议的想法、满意度，从而优化课程资源建设。

（北京市朝阳区华洋紫竹幼儿园　庞亚军、李东梅）

案例三：家园共研共学，共传文化经典

■ **活动方案**

活动主题：家园共研《西游记》，传承经典文化

活动目标：

1. 通过家园共同审议《西游记》主题课程，深入挖掘《西游记》的教育价值。

2. 结合大班幼儿的年龄特点和发展需求，家园共同设计适宜的课程活动。

3. 促进家园合作，共同为幼儿打造丰富、有趣的学习体验，提升家长对幼儿教育的参与度。

活动准备：

1. 收集《西游记》相关的图书、动画片、图片等资源。

2. 准备活动所需的材料，如绘画工具、手工材料、表演服装、活动反馈表（表2-16）等。

3. 布置活动场地，营造《西游记》的氛围。

4. 提前通知家长活动的时间、地点和内容。邀请家长积极参与。《幼儿园教育指导纲要（试行）》《3~6岁儿童学习与发展指南》。

活动地点：幼儿园多媒体教室。

活动流程：

1. 开场导入，介绍活动目的及流程。

（1）播放《西游记》主题曲，共同回忆《西游记》中的经典人物和情节，引发对传统文化作品的共鸣；

（2）介绍活动的目的和流程，欢迎家长的参与。

2. 家长参与故事分享环节，共同分析《西游记》的文学价值。

（1）教师讲述《西游记》中的一个故事片段，邀请家长分享《西游记》中自己最喜欢的故事或人物，并说明理由；

（2）教师和家长共同分析《西游记》作品对幼儿发展的价值。

3. 讨论交流环节。

结合文学作品《西游记》，教师与家长共同设计主题活动课程，包括主题课程目标、主题课程活动思路等。

4. 共同审议环节。

家长代表发表意见和建议，与教师共同探讨如何优化课程方案。

5. 活动总结，邀请家长表达参与此次主题课程审议的感受。

■ **活动案例**

家园共研《西游记》，传承文化经典

作为不朽的文学经典，《西游记》具有着丰富的文化内涵和教育价值，传承和弘扬优秀传统文化是我们共同的责任。家长参与课程审议，充分发挥家长的独特价值和教育资源，能够从自身角度出发提出宝贵意见和建议，从而丰富主题课程内容，使活动更加贴近孩子的实际生活和需求，让传统文化在新一代生根发芽。

在明确家长参与课程审议的意义后，由班级老师向家长发出邀请，欢迎每班5名家长代表报名参加《西游记》主题课程审议。

首先由教研组长介绍《西游记》主题课程的初步设计方案，分别对课程目标、课程活动、环境创设、家园合作四方面进行审议。

1. 审议课程目标：

- 知识目标：了解《西游记》中的主要人物、故事情节和文化背景。
- 技能目标：培养幼儿的观察力、想象力、表达能力和合作能力。
- 情感目标：激发幼儿对传统文化的热爱，培养勇敢、善良、团结等品质。

2. 进班体验现场活动：

- 故事阅读：共同阅读《西游记》中的经典故事，如《孙悟空大闹天宫》《三打白骨精》等。
- 角色扮演：参与《西游记》角色扮演活动，表演幼儿喜爱的故事片段，在表演中体验角色的特点和情感。
- 手工制作：与幼儿共同制作《西游记》中的人物面具、道具、手工艺品等。

3. 共同参观班级和公共区域的环境创设：

- 班级布置：用《西游记》的图片、海报、手工作品等装饰教室，营造浓厚的主题氛围。
- 区域设置：设置《西游记》主题的阅读区、表演区、美工区等，为幼儿提供多样化的学习和游戏空间。

● 公共区域：以师徒取经路线图为墙饰背景，同时将主要故事情节和人物贯穿其中，给幼儿呈现较为完整的《西游记》故事。

进班现场体验及参观班级环境创设后，教研组长组织家长共同审议课程，围绕着幼儿在课程活动中的发展、《西游记》故事在幼儿课程活动中的作用，并邀请家长发表意见和建议，与教师共同探索优化课程方案。在课程审议时，悠悠的妈妈提到："孩子从小就读《西游记》，对《西游记》很感兴趣，也经常在家中听故事，这次在幼儿园看到专门的课程活动，才发现《西游记》可以作为课程，不仅孩子的语言表达能力得到发展，而且我看到了孩子喜欢表演，喜欢用绘画表达……"随后，嘟嘟的爸爸表示赞同的同时，也提出了困惑，比如"西游记虽然是经典，但是里面有些内容打打杀杀不适合孩子，这怎么筛选呢?"这一问题引起了现场其他家长的共鸣，针对这一困惑，教研组长再次组织教师和家长展开了研讨，最后终于达成了共识。

此次课程活动审议后，教师根据家长的意见和建议，对主题课程活动方案进行了修改和完善，尤其是针对家长担心的问题，教师有针对性地筛选有价值的故事开展相应的活动。

通过这次家园共同审议《西游记》主题课程活动，家长与幼儿共同度过了愉快而有意义的时光。家长们不仅更加了解了幼儿在幼儿园的学习和生活情况，也增进了与幼儿之间的亲子关系。同时，幼儿在活动中也对《西游记》这部名著有了更深入的认识和理解，激发了他们对传统文化的热爱之情。

表 2-16　家园共研《西游记》主题课程审议活动家长反馈表

家园共研《西游记》主题课程审议活动家反馈表

尊敬的家长：

　　您好!

　　非常感谢您参与家园共研《西游记》主题课程审议活动。为了不断提升我们的教育服务质量，更好地促进孩子的成长与发展，特请您填写这份反馈表，您的宝贵意见对我们至关重要。

一、基本信息

　　1. 孩子所在班级：_____

　　2. 孩子姓名：_____

　　3. 家长姓名：_____

续表

二、对活动的整体评价

1. 您对本次家园共研《西游记》主题课程审议活动的满意度如何？
　　A. 非常满意
　　B. 满意
　　C. 一般
　　D. 不满意
　　E. 非常不满意

2. 请简要说明您给出上述评价的原因：

三、对主题课程的看法

您认为《西游记》主题课程对孩子的成长有哪些积极影响？（可多选）
　　A. 激发孩子的阅读兴趣
　　B. 培养孩子的想象力
　　C. 增强孩子的语言表达能力
　　D. 提升孩子的艺术创造力
　　E. 培养孩子勇敢、善良等品质
　　F. 促进孩子对传统文化的认知
　　G. 其他（请注明）＿＿＿＿＿

四、在参与课程审议过程中，您觉得孩子的哪些方面得到了锻炼？（可多选）
　　A. 思考能力
　　B. 表达能力
　　C. 合作能力
　　D. 观察能力
　　E. 其他（请注明）＿＿＿＿＿

五、对家园共育的期望

1. 您认为家园共育在孩子教育中的重要性如何？
　　A. 非常重要
　　B. 重要
　　C. 一般
　　D. 不重要
　　E. 不清楚

2. 对于今后的家园共育活动，您有哪些期望和建议？

（北京市朝阳区秀园幼儿园　刘欣、皮冰洁）

（北京市朝阳区教师发展学院　王艳云）

◆ 参与班级管理

一、家长体验教师

家长体验教师活动，能够增进家长对幼儿园教育的理解，家长能够更加直观地了解教育教学的过程和活动组织的难度，体会到教师的辛勤付出，从而减少对幼儿园教育的误解，增强对教师的尊重。家长体验教师还能够促进亲子关系的提升，孩子看到家长以教师的身份出现，会感到新奇和自豪，密切了亲子之间的关系。家长在体验中能够将自身的生活经验和价值观融入教育过程，与幼儿园教育相互补充。同时，家长与教师的交流也能够促使双方更好地了解幼儿，共同为幼儿的成长制定有效的教育策略，助力幼儿的发展。

 案例一：家园同向育儿，共促幼儿成长

■ **活动方案**

活动主题：家园携手促幼儿成长——我们班的"新教师"

活动目标：

1. 帮助家长了解教师的教学准备过程、理解教学理念和教学环境。

2. 加深家长对孩子在园中生活和学习的理解。

3. 建立良好的家园合作关系，共同促进幼儿成长。

活动准备：

1. 提前与家长确定活动内容、时间、物品准备及家长反馈表。

2. 活动时间：每月第四周的周五8:30—10:30。

活动地点：幼儿园班级教室。

活动流程：

1. 业务园长（保教主任）、保健主管、各班班长组织召开保教计划部署会，公布本学期家园合作相关内容。

2. 业务园长（保教主任）、各班班长召开班长会，针对家长体验教师活动进行宣传、协商，确定相关活动内容。

3. 各班班长与班级教师召开班务会，班长向班级教师传达会议家长体验日活动内容。

4. 各班班长与各班家委会代表介绍活动内容。确定活动后上报业务园长（保教主任）及园长，经审核同意后开展活动。

5. 班长在班级微信群发布活动通知（确定时间、地点），并提前为家长准备好请假条。

6. 各班分发家长报名表，统计参加人数。

7. 班长与班级教师商讨后，制订班级活动具体方案。

8. 班长与家长提前沟通活动具体内容。

9. 做好活动记录，收集家长体验感悟。

10. 向业务园长（保教主任）汇报家长体验情况。

■ **活动案例**

幼儿园家长体验教师活动——惊险的出海旅行

一、活动背景

活动前期，通过家长会介绍班级幼儿平衡能力发展现状，希望借助家长力量来提升幼儿的平衡能力，因此在班级中发起了"促进幼儿平衡能力发展"的倡议。家长结合自己的特长、兴趣与空闲时间，主动报名，进园为班级幼儿开展一节户外体育教学活动。

二、活动具体过程

（一）活动名称：健康领域——出海旅行

（二）活动目标

1. 通过操作不同器械进行平衡练习，探索身体控制方法，提高身体平衡能力。

2. 同伴间能够将多种材料相互组合，解决游戏中遇到的问题。

3. 培养幼儿勇于挑战的品质。

（三）活动重点和难点

1. 重点：利用多种材料，进行多种平衡游戏。

2. 难点：在多人平衡游戏中，能够保持身体的平衡。

（四）活动准备

1. 经验准备：

对户外小器械材料有一定的玩法经验。

2. 物质准备：

椅子、平衡板、轮胎、大型梅花桩、独木斜桥、独木板、呼啦圈、蓝牙音箱。

（五）活动过程

1. 队列练习、热身活动

（1）情景引入

家长："今天，老师要带你们坐船出海去旅行，你们会不会游泳呀？"

家长："那现在跟老师一起先游游泳吧。"

家长："游泳游完了，老师给每位小朋友都准备了一艘游艇，就在那里，你们选一个自己喜欢的，开过来。"（通过器械选择观察幼儿平衡能力基础水平）。

2. 航海旅游

（1）家长："现在我们已经开到了海面上，今天天气非常好，咱们一起下海游泳吧，但是，我听说这附近经常会有鲨鱼，如果看到了鲨鱼，你们要怎么样啊？"

幼儿："快速跑回自己的游艇上。"

家长："那听老师的口令，预备！跳！"游戏2~3遍。

问题：怎么样，才能不让自己掉下去呢？讨论并进行尝试。

（2）增加游戏难度

家长："我发现，这条鲨鱼具有破坏力量，如果小朋友的游艇被鲨鱼破坏，没有游艇，鲨鱼再次出现，我们要怎么办呢？"

幼儿回答。游戏开始（2~3遍）……游戏过程略。

3. 游戏小结

家长："咱们班的小朋友们可真是厉害，都非常的团结，帮助了游艇被大鲨鱼破坏的小朋友，而且我们在游艇上面还非常平稳，都没有掉到海里面，给自己鼓鼓掌。现在，我们一起回到岸边吧。"

4. 放松活动

教师带领幼儿放松，收材料。

三、活动总结

在本次家长体验教师活动中，幼儿能够积极参与活动，特别是在游戏中家长教师能够和孩子们共享游戏中的快乐。本次"家长教师体验日活动"让家长走近孩子，走进游戏，关注教育，体验教学。家长表示：在细微之处，感受到了教师对孩子满满的爱和信任，理解老师的辛苦，感受到孩子们在体育活动中身心的全面发展！

优质的家园共育是幼儿园和家长的协同合作。家长是幼儿园重要的合作伙伴，也是幼儿园宝贵的教育资源。家长体验教师活动，既让家长亲身参与到幼儿园的活动中，又充分利用家长资源，使幼儿园教育活动变得丰富多彩，家长借助自身的专业特长为孩子们的健康成长贡献力量。

（北京市朝阳区光华路幼儿园　牛子悦、彭雪洁）

 案例二：家长体验官——我是老师

■ **活动方案**

活动主题：家长体验官——我是老师

活动目标：

1. 家长通过亲身体验幼儿教师的日常工作，增进对教师职业的共情与认知。

2. 通过家长的参与，丰富幼儿园的教育内容和形式，促进家园之间的联系。

3. 收集家长的反馈和建议，促进幼儿园教育教学质量的提升。

活动准备：根据活动需要准备相应的教具和材料。

活动地点：班级活动室。

活动流程：

1. 活动宣传与动员

（1）通过班级家长会、微信群等方式向家长介绍本次活动的目的、意义和价值，鼓励家长积极报名；

（2）完成活动宣传、家长自愿报名、物质准备等工作。

2. 岗前学习

为确保"家长体验教师活动"顺利进行，活动前一天班级教师对家长进行岗前培训，明确活动目的、流程、注意事项及制定突发事件应急预案，确保活动安全有序开展。

3. 家长体验

家长可根据自身特长选择扮演教师或助教角色。

4. 交流分享

体验结束后，家长与教师进行交流，分享感受和建议。家长结合实践体验分享感悟与建议。

■ 活动案例

家长体验官——我的妈妈是老师

家长是幼儿园教师的重要合作伙伴。为了充分挖掘家长的教育资源，积极有效地促进家园联系，为家长、老师搭建一个相互交流、相互学习的平台，更好地促进幼儿的全面发展，幼儿园举办了家长体验当教师活动。豆豆妈妈作为专业插画师，报名参与此次"体验官"活动，她以"教师"的身份使幼儿们度过了精彩的一天。

教师家长共备课

活动开始前，班级教师与豆豆的妈妈进行了深入的沟通，向家长介绍了班级孩子们的学习特点、发展水平及兴趣，以便家长能更好地备课。家长则根据自己的专业知识和实践经验，精心准备了适宜的课件、美术材料，甚至还带来了一些她珍藏的绘画作品供孩子们欣赏。考虑到孩子们的年龄特点，她打算从简笔画入手，逐步引导孩子们运用材料发挥创造力进行教学。

家长体验日——特别的美术老师

当这位特别的美术"老师"走进教室时，孩子们都用好奇的眼神打量着她。她亲切地自我介绍，并告诉小朋友们，这堂课将带领大家进入一个色彩斑斓的世界。接着，她展示了几幅精心准备的卡通动物画作，吸引了全班小朋友。

在教学过程中，这位家长不仅向孩子们传授了基本的绘画技巧，还注重培养他们的观察力和创造力，她用丰富的肢体动作演示简单易懂的线条手法，还鼓励孩子们自由发挥，画出自己心中的梦想世界。同时，班级教师也在旁边积极配合，确保每个孩子都能得到充分关注和指导。

在整个教学过程中，家长与老师们配合得非常默契。她按照事先准备好的教学方案，有条不紊地引导孩子们进行创作。孩子们在这种轻松愉快的氛围中，尽情挥洒着手中的画笔，一幅幅充满童真与创意的作品跃然纸上。课程结束后，这位家长组织了一个小型的画展，将所有孩子的作品展示出来。每个孩子都自豪地站在自己的作品旁边，向大家介绍自己的创意和想法。

深入交流与反馈

活动结束后，这位家长表示这次体验给她留下了深刻的印象。她感慨地说："以前，我总是从家长的角度去看待孩子的教育，但今天，当我真正站在讲台上，面对着一群活泼可爱的孩子，我才深刻体会到老师们的辛苦和不易。"不仅是考虑到孩子的年龄特点和学习方式特殊，在备课的时候更要考虑细致。

活动后，班级教师还将豆豆妈妈整个活动过程及孩子们的绘画作品在班级群中进行了分享展示，也得到了其他家长的点赞。

（北京市朝阳区秀园幼儿园　胡天琦、马京伟、张璐）

 案例三：家长体验当教师——英雄消防父亲，指引安全成长路

■ **活动方案**

活动主题：家长体验当教师——英雄消防父亲，指引安全成长路

活动目标：

1. 家长亲自体验消防安全教育活动，了解教师的角色、教学方法和内容。

2. 幼儿深入了解消防安全知识，如火灾的危害、预防火灾的方法、火场逃生的技巧等，激发幼儿对安全问题的关注，增强幼儿自我保护意识和能力。

3. 教师鼓励家长积极地参与，了解家长的育儿期望及关注点。

活动准备：

1. 经验准备：提前与消防父亲沟通，确定活动主题、游戏内容；幼儿有基本的消防安全经验。

2. 物质准备：布置活动场地、调试多媒体设备、灭火器、模拟火把（电子道具）、烟雾报警器。

活动地点：多功能厅、操场。

活动流程：

1. 家长进行活动介绍。

（1）家长进行简短的自我介绍；

（2）播放演示文稿，讲述消防员的一日工作。

2. 家长进行消防装备展示与体验。

（1）展示消防装备实物；

（2）介绍消防服、头盔、呼吸器等消防装备的功能和使用方法；

（3）幼儿体验穿消防服、戴消防头盔。

3. 消防知识互动问答游戏。

（1）开展消防安全的趣味问答；

（2）幼儿进行抢答；

（3）教师对问答题目进行小结。

4. 家长和教师共同组织幼儿开展模拟火灾逃生演练。

（1）模拟火灾场景，组织幼儿进行模拟火灾逃生演练；

（2）家长现场指导，强调正确的逃生姿势和路线选择。

5. 活动总结与分享。

（1）幼儿分享活动感想，表达对消防员的敬佩之情；

（2）家长寄语，鼓励幼儿成为生活中的小小安全员；

（3）教师总结活动收获，强调家园共育意义。

活动流程图（图2-25）：

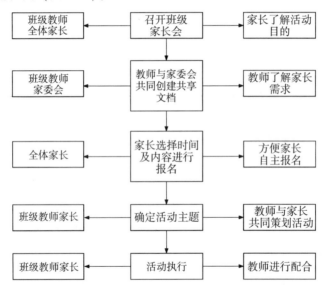

图2-25 "家长体验当教师——英雄消防父亲，指引安全成长路"活动流程图

■ 活动案例

华洋紫竹幼儿园家长体验教师活动
——英雄消防父亲，指引安全成长路

华洋紫竹幼儿园大二班浩浩小朋友的爸爸申请来园体验当教师，浩浩爸爸是一名光荣的消防员，为班级幼儿带来了一场别开生面、意义非凡的安全教育活动。家长能够更直观地了解幼儿园的教育环境、教育方法和幼

儿的学习状态，从而与教师形成教育共识，在教育理念上达成一致，共同为幼儿的全面发展努力。

1. 初见英雄，深化认知

经老师介绍后，浩浩爸爸身着整齐的消防服，头戴威严的头盔，踏着坚定的步伐走进了教室。他的出现，立刻吸引了所有小朋友的目光。浩浩爸爸首先以和蔼可亲的口吻，向孩子们讲述了自己作为消防员的日常工作，那些关于勇气、责任的故事，让孩子们听得入了迷。

为了更直观地展现消防员的工作，浩浩爸爸还带来了一些消防器材模型，如消防服、头盔、呼吸器等，让幼儿近距离观察并触摸。这些平时只能在电视上看到的"神器"让孩子们兴奋不已。

2. 互动体验，技能展示

随着活动的深入，浩浩爸爸首先通过互动问答，引导幼儿了解火灾的危害、预防火灾的方法及基本的自救技能。随后，在教师的协助下，孩子们按照预先设定的逃生路线，手持湿毛巾捂住口鼻，弯腰低姿，迅速而有序地"逃离"到操场。浩浩爸爸在一旁仔细观察，不时给予指导和鼓励，确保每位幼儿都能掌握正确的逃生技巧。

最后浩浩爸爸详细讲解了灭火器的种类、使用方法和注意事项，并邀请了几位小朋友上前尝试使用灭火器模型进行"灭火"。在浩浩爸爸的指导下，小朋友们操作灭火器模型，成功地将"火源"扑灭。那一刻，幼儿的脸上洋溢着自豪，仿佛化身为小小的消防员，为保护家园贡献了自己的力量。

3. 拓展资源，丰富经验

通过家长体验教师活动，幼儿园能够充分挖掘家长资源，丰富教学内容，拓宽孩子们的视野。浩浩家长用自己领域的专业知识，激发了幼儿的学习兴趣，也让他们了解到更多消防安全的本领。

浩浩爸爸以"教师体验官"的身份参与班级活动，为幼儿带来了新鲜感和亲切感，提高了幼儿参与活动的积极性；丰富幼儿园的教育形式，使教育内容更加多元化、生动化，培养幼儿的好奇心、探索欲和创造力，促进他们的认知、情感、社会性和身体等方面的发展。对于家长而言，他们更加深入地了解幼儿园的教育理念和教学方法，这能够促进他们更加关注和支持孩子的教育，更加尊重和理解教师的工作，形成更加和谐的家园关系和教育氛围。

（北京市朝阳区华洋紫竹幼儿园　张金雁、季佳音、黄思敏）

二、家长体验保育员

一百次提问不及一场深度体验，一百次沟通难比一次亲身实践。幼儿在园的生活状况向来是家长关心与关注的焦点话题，那在生活中保育老师究竟是如何照顾他们的呢？

为帮助家长深入了解幼儿在园的生活活动与细节，在生活中理解儿童，了解儿童的自理能力及被保育教师的精心照料，幼儿园可依据家长的需求，组织家长以组织者、观察者、体验者的身份参与幼儿生活活动，体验幼儿园的日常工作，更深刻地理解教师和保育员的辛勤付出，进而减轻担忧与焦虑，增强彼此间的信任。活动前，需向家长详细介绍保育员的工作职责与流程，使家长做好充分准备。活动中，安排专人引领家长，并及时为其答疑解惑。活动后，组织家长交流并分享体验感受，收集意见和建议，以持续改进家园共育工作，助力幼儿健康成长。

 案例一：走进幼儿生活日常，感受爱的呵护

■ 活动方案

活动主题：家长大变身——我妈妈来做保育员

活动目标：

1. 了解幼儿在园一日生活流程及生活情况。

2. 亲身体验保育员对幼儿生活照料的细节与规范，增进对保育员职业的理解。

活动准备：

1. 提前通知家长参加时间及地点、签到表、家长建议记录表。

2. 活动时间：周一 7:30—12:00。

活动地点：各班教室。

活动流程：

1. 介绍活动目的及流程。

（1）保育教师向家长介绍本次活动的目的、意义和价值；

（2）向家长简要说明半日保育工作流程及物品摆放位置。

2. 由班级保育员指导家长完成保育员体验活动。

3. 家长分享环节，班长与家长分享体验并提出建议。鼓励家长将活动感想分享到家长群，供其他家长参考。

活动流程图（图2-26）：

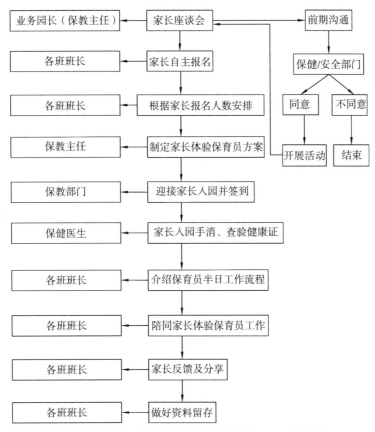

图2-26　"家长大变身——我妈妈来做保育员"活动流程图

■ **活动案例**

苏苏妈妈的保育员体验纪实

幼儿园邀请苏苏的妈妈走进幼儿园体验保育员工作。家长以组织者、观察者、体验者的身份参与幼儿生活活动，亲身体验幼儿园的日常工作，感受幼儿在园的爱与被爱，共同助力幼儿健康成长。

镜头一：岗前解忧

为了使家长体验保育员活动顺利开展，班长提前向苏苏妈妈介绍了班级幼儿上午半日活动流程及保育教师的工作内容。帮助苏苏妈妈熟悉自己的"工作"，并告诉苏苏妈妈，班级的保育教师赵老师是一名非常有经验的教师，全程协助苏苏妈妈轻松上岗。

镜头二：卫生清洁

幼儿园是孩子们生活、游戏的地方，卫生清洁工作是保育工作中的重中之重。苏苏妈妈在赵老师的协助下首先开窗通风，然后对教室里的桌椅、玩具柜、盥洗室等进行清、消、清擦拭清洁，并且为幼儿准备当天所使用的毛巾、杯子等物品。

镜头三：游戏时间

孩子们已经开始区域游戏，苏苏妈妈做好卫生消毒工作后，便跟随保育教师赵老师进入活动区，在赵老师的指导下，她学习着观察孩子们的游戏，保障孩子们的游戏安全。在户外活动中，苏苏妈妈观察幼儿面色、出汗及呼吸情况，随时提醒或帮助易出汗的幼儿及时擦汗，避免感冒生病。在活动后，又跟随赵老师一起关注幼儿自主喝水情况，对饮水量不足的幼儿给予个性化指导。

镜头四：进餐时间

进餐时间到，苏苏妈妈在赵老师的指导下按照消毒配比，对桌面、餐车进行了"清、消、清"三步流程，随后进行取餐、分餐，学着赵老师的样子认真地向小朋友们介绍了菜谱，餐后又进行了收拾整理。

以下是苏苏妈妈的体验分享：

我是中二班苏苏的妈妈，有幸在幼儿园体验保育员工作。

早晨 7 点入园，赵老师已完成餐具、桌面消毒，热情地为我讲解工作流程与注意事项，还提供了帽子、围裙和手套。我迅速整理头发，做好准备，保育工作就此开始。

孩子们进教室后，面对陌生的我反应各异，这让我意识到应先自我介绍。经老师们介绍，孩子们知道我是苏苏妈妈来照顾大家，都很开心。早餐前，老师们提醒小朋友洗手后用餐，孩子们乖巧有序，礼貌有加。他们良好的行为习惯和礼貌用语，皆源于老师们平日的悉心教导。餐后，我们收拾餐具、整理桌面、分盘、消毒、拖地。接着陪孩子们去操场活动，活动中检查孩子是否过热出汗、身体不适等，老师们为打喷嚏流鼻涕的孩子温柔擦鼻涕，如照顾自己孩子般细致入微。课外活动，活泼的孩子难免磕磕碰碰，老师们轻言细语教导，暖心又负责，让家长放心把孩子交给老师。午餐时，保育老师做好餐前准备，毛巾消毒擦桌也很有讲究，她们为了孩子安全，保育工作细致到位。忙碌一上午，老师们甚至连口水都没喝，三位老师相互帮助、和谐默契，工作环节紧扣，配合默契高效，带着孩子们愉快度过每一天。

作为家长，我真的非常放心，也对幼儿园充满感激。谢谢三位老师的辛勤付出，也感谢幼儿园为家长提供的走进幼儿园体验活动，通过近距离接触，拉近了我们与幼儿园之间的距离。最后向可爱的老师们道一声辛苦了！

苏苏妈妈

（北京市朝阳区光华路幼儿园　赵淳、王雪）

案例二：相"伴"成长，"育"见美好

■ **活动方案**

活动主题：沉浸式体验保育，相伴幼儿成长

活动目标：

1. 让家长亲身体验保育员的日常工作，增进家长对幼儿园保育内容与规范的理解。

2. 学习日常消毒、传染病预防及呕吐应急处理方法。

活动准备：向家长介绍保育员一日工作基本流程，准备活动反馈表（表2-17）。

活动地点：各班教室。

活动流程：

1. 介绍活动目的及流程。

（1）提前向家长发出邀请，说明活动的目的、意义和具体流程；

（2）对参与活动的家长进行简单培训，介绍幼儿园保育工作的基本要求和注意事项。

2. 班级体验。

（1）家长进入班级，了解幼儿一日生活的基本环节，协助班级保育员开展保育工作。工作内容包括：晨间扫除、组织幼儿洗手、分发餐点、整理床铺、清洁教室、给玩具消毒等；

（2）协助保育员进行餐前准备，组织幼儿进餐，重点体验进餐环节相关保育规范。

3. 家长分享环节：请家长分享参与体验活动的感受。

活动流程图（图 2-27）：

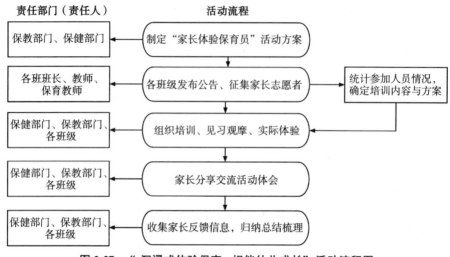

图 2-27　"沉浸式体验保育，相伴幼儿成长"活动流程图

■ 活动案例

保教结合是幼儿园工作的重要原则和基本要求，保育员的工作贯穿幼儿一日生活，是幼儿园教育工作的重要组成部分，为了让家长了解幼儿在园的一日生活，拉近孩子、老师、家长的距离，使家长真正成为幼儿园的合作者、支持者和参与者，更好地实现家园共育，幼儿园开展相"伴"成长，"育"见美好——家长体验保育员活动。

从顾虑走向积极——征集家长志愿者

为了让家长们清楚幼儿在园的生活，了解幼儿一日作息，参与到幼儿行为习惯的养成过程中，我们在班级微信群中发布了欢迎家长志愿者入园体验保育员一日工作的活动公告，但并未收到太多家长的反馈。为此，我们及时联络家委会成员，经反馈了解到大部分家长由于不了解保育员一日工作的内容、不能熟练掌握相关保育工作技能，所以不敢积极报名参与。基于此，我们及时调整活动方案，通过录制"一日保育工作内容"视频，举行线上保育工作培训的方式，向家长们初步介绍了保育员一日工作的内容，鼓励家长们积极报名参与。

培训—观摩—实操，三步走实现家长体验保育员

确定好报名参与体验活动的家长名单后，我们开展了保育工作基本技能培训工作，在培训中向家长详细介绍了保育员一日工作的具体内容，并进行了基本技能实际操作。活动结束后，我们组织家长志愿者进行了为期

两天的跟班见习活动，各班家长志愿者沉浸式跟随体验幼儿一日生活的各个环节，通过见习观摩，家长志愿者不仅了解到幼儿在园一日生活的流程与活动内容细节，还对保育员的工作有了更直接深刻理解。

见习观摩结束后，家长志愿者们开始分组上岗，亲身体验保育员一日工作。在家长体验的过程中，保育员实时陪同。例如，在进餐环节，保育员老师首先讲解三块抹布的区别，然后进行演示：首先我们用白色标识"清"字样的抹布进行桌面S方向擦拭桌子，其次强调也需要对桌边进行清洁。家长模仿老师的方法为孩子们进行桌子消毒工作，家长们讨论着说"在家中都没有这样严格擦拭过，没想到幼儿园要擦这么多遍桌子"，称赞幼儿园对卫生保健工作的重视。

分享与交流，为保育工作注入新活力

为期两周的"相伴成长，育见美好——家长体验保育员活动"暂时告一段落，我们组织分享交流会，请家长分享体验过程中的所见所思所想。家长纷纷表示，通过此次体验活动，自身对幼儿教师这一职业所承担的责任与压力、付出的耐心与细心有了进一步体会。

家园联动，育出精彩

本次家长体验保育员活动，为家长提供了了解体验幼儿一日生活的机会和途径，在经历了观摩与体验之后，家长对于幼儿园的教育教学工作有了更深入的了解和认识，真正理解保育员工作的重要和艰辛。通过家长在幼儿园的体验活动，家园之间变得富有默契，沟通变得多元和谐。这为家长成为幼儿园工作的积极协作者与支持者打下坚实基础，真正实现了家庭与幼儿园之间的互动和教育价值的最大化。

表2-17 家长体验保育工作的反馈表

家长姓名	
您了解保育教师的一日工作流程吗？请列举其中一个环节简单描述	
您参与本次活动的感受	
对后续相关活动的建议	

（北京市朝阳区秀园幼儿园 史海燕、郝朝霞、尹宝玉）

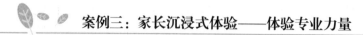

案例三：家长沉浸式体验——体验专业力量

■ 活动方案

活动主题：家长沉浸式体验——体验专业力量

活动目标：

1. 家长沉浸式体验保育员工作，理解保教结合的含义。

2. 通过体验保育员部分工作环节，帮助家长深刻认知学前教育专业性。

3. 通过家园沟通合作，帮助家长提升家庭教育的能力。

活动准备：班级材料、保育员工作工具、一日生活作息表、体验反馈表（表2-18）。

活动地点：小三班、幼儿园操场。

活动流程：

1. 介绍活动目的及流程。

（1）主班教师向家长介绍本次活动的目的、意义和价值；

（2）结合幼儿一日生活作息向家长介绍参与体验的环节。

2. 家长体验保育员工作中的四个环节。

（1）家长在自主游戏环节中观察幼儿游戏行为，当幼儿遇到问题时及时引导幼儿解决问题；自主游戏结束时，协助主班教师与幼儿进行一对一记录；

（2）家长体验盥洗、加餐环节，提前为幼儿准备加餐，引导幼儿有序完成盥洗流程；

（3）家长体验户外游戏环节，提前与主班教师沟通所需玩具材料，提前准备玩具材料。在游戏中，关注个体幼儿运动情况；

（4）家长体验午餐环节，家长提前进行餐前消毒。开餐时，为幼儿分餐、添餐，关注幼儿饮食情况。

3. 家长座谈交流经验并填写反馈表。

（1）家长谈谈自己参加了哪个环节，做了哪些事？怎么做？做的过程中有遇到问题吗？

（2）家长在体验保育员的过程中，同主班教师配合得流畅吗？与主班教师的分工协作合理吗？

4. 家长分享环节。

请家长分享今天参与活动的感受。

■ **活动案例**

幼儿园家长体验保育员实践活动

在对家长进行问卷调查过程中，发现大多数家庭的教养方式都是隔辈看护。由于祖辈老人缺少教育的专业性，所以在看护幼儿的过程中会有包办代替的现象。为了让家长知道培养幼儿生活自理能力的重要性，幼儿园以亲身体验的形式邀请家长体验保育员工作，目的是让家长直观体验到孩子在教师精心且专业的培养下，如何慢慢提升生活自理能力。本次活动让家长认可教师专业能力，同时，还能帮助家长理解保教结合的含义。深入推进家园共育工作，在提升家长家庭教育素养的过程中，充分彰显其对促进幼儿全面发展的核心价值。

沟通——清晰内容

活动开始前教师对照幼儿《一日生活作息时间表》及《保育员工作细则》对家长进行简单的专业知识培训。旨在让家长清晰地了解在各项活动中做到保中有教、教中有保，二者互相联系、互相渗透，保教并重的含义。让家长注意到教师通过互相配合、分工明确等，更能全面地观察到教师在幼儿的一日生活中如何以润物细无声的方式培养幼儿的各项能力。

体验——专业魅力

为家长重点安排了自主游戏、盥洗、加餐、户外游戏四个环节活动。活动前与教师简单沟通后，家长们就参与到游戏中了。在开始时会发现家长们帮幼儿捡玩具、跟在幼儿后面跑、教幼儿怎么玩等现象，忙得不亦乐乎。教师看到家长这种情况时，引导家长放轻松，请家长观察教师如何引导、支持幼儿活动。通过教师的引导和支持，家长也慢慢地放松下来，学习老师适时放手的策略，静静地坐到幼儿旁边观察幼儿的游戏情况，也有的家长拿起手机记录幼儿游戏情况。在这个体验过程中，家长们的语言、行为、动作有了明显的改变。通过体验活动，家长切实感受到教师的专业，感受到孩子们自理能力的提高，感受自主游戏给他们带来的快乐。

分享——实践经验

在分享环节，家长们开怀大笑对老师说："老师，您知道吗？通过我这半天的体验，我才知道之前为孩子做的事叫好心办坏事。"说完哈哈大笑起来。每一位参与体验的家长都很积极地分享了这次活动的感受：她们做了什么？是怎么做的？也有的家长是用手舞足蹈的形式表演了他是怎么帮助幼儿完成游戏的，游戏后孩子有什么表现等。还有的家长分享了在活动中是如何观察老师怎么做的，慢慢学习老师的样子。活动最后邀请家长们填写体验表，记录自己的体验感受和对幼儿的建议等。

连接——家园桥梁

家长离园前纷纷呼吁老师，像这样体验的活动要多举办几次，她们还想参加。家长很想借幼儿园的平台多学习一些专业知识，这样就可以在家指导孩子了。此次活动是家园之间一次亲密的接触，是家园之间有效学习和交流的平台。家长沉浸式体验了保育员教师的工作，走进了幼儿园、教师、幼儿，感受到了教师的专业、幼儿的快乐。相信在家园双方共同努力下，孩子们一定会快乐健康成长。

表2-18　家长沉浸式体验——体验专业力量活动记录表

记录人＿＿＿＿＿班级＿＿＿＿＿家长＿＿＿＿＿

观察时间		观察地点		
带班教师		配班教师		
体验环节	自主游戏环节	盥洗、加餐环节	户外游戏环节	午餐环节
体验实录（具体做了哪些工作）				
您觉得这样配班合理吗？或您有哪些建议？				
您还有哪些新发现？				
沉浸式体验后的感受				
其他				

（北京市朝阳区福怡苑幼儿园　刘娜、张天红、李润辞）

第三节　1+1+1陪伴模式（幼儿—家长—教师）

一、家长参与幼儿节日活动

节日活动在幼儿园教育中有着举足轻重的作用，《幼儿园教育指导纲要（试行）》中指出"萌发幼儿爱祖国、爱家乡、爱集体、爱劳动的情感"，其中一条重要的培养途径便是"让幼儿参加各种节日活动，从中感受节日的愉快"。

　　家长参与幼儿节日活动，不仅有助于幼儿感受节日氛围，寻觅历史发展轨迹，激发对传统文化的热爱之情。家长的参与能有效促进幼儿在活动中的经历积累、认识发展和情感体验。因此，在活动开展前，教师可以根据幼儿园活动目标、内容的实际需要，有计划地邀请具有某种职业或专业、技能优势的家长直接参与教学活动。除家长助教外，教师也可以有计划地对家长进行相应的指导，使家长能有意识带领幼儿参加活动，并和孩子一起发挥各自的想象与创造。

 案例一：浓浓粽叶香，悠悠亲子情——端午节亲子活动

■ 活动方案

活动目标：

1. 了解端午节的来历和习俗，如：包粽子、划龙舟、系五彩绳等。

2. 积极参与端午节活动，与家人、朋友一起感受传统节日的乐趣。

活动准备：

提前通知家长参加时间及地点、签到表、家长建议记录表。

活动时间： 上午8:45—11:00。

活动地点： 各班教室。

活动流程：

1. 家长参与节日活动前，园区执行园长、保教主任、保健主管召开预备会，针对节日活动会议内容进行协商，确定时间及地点。

2. 向园长上报召开节日活动申请及说明目的，经审核通过后召开。

3. 做好家长参与节日活动的各项准备，通过班级微信群和班级公告通知家长活动时间、地点，准备好家长请假条。

4. 与家长志愿者沟通活动流程与各环节的具体细节部分。

5. 活动当日具体流程。

（1）8:45—8:50 家长陆续入园并接受卫生消毒；

（2）8:50—8:55 家长集中到各班级门口签到；

（3）9:00—10:30 各班级开展亲子活动：

遇见端午：家长志愿者讲述绘本故事《不是方的，不是圆的》。

体验端午：包粽子、赛龙舟、系五彩绳。

歌唱端午：赛歌会，亲子互动式儿歌表演。

品味端午：品尝各种口味的粽子。

（4）10:30—10:50 活动自然结束；

（5）10:50—11:00 家长分享活动感受，教师围绕教育观念进行交流。

活动流程图（图 2-28）：

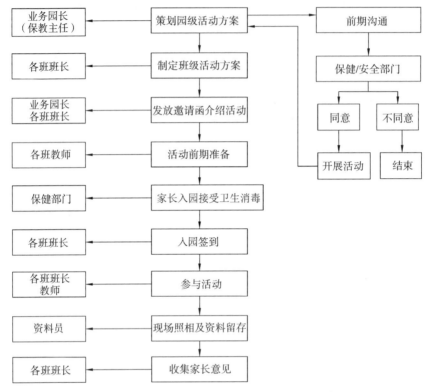

图 2-28 "家长沉浸式体验——体验专业力量"活动流程图

■ **活动案例**

"浓浓粽叶香，悠悠亲子情"幼儿园端午节亲子活动

活动背景：

又是一年粽叶飘香时，在端午节来临之际，为传承中华传统节日，让幼儿感受端午节的独特习俗，更好地了解端午节丰富的文化内涵，激发孩子们的爱国情感和民族精神，幼儿园开展"浓浓粽叶香，悠悠亲子情"端午节亲子活动。家长以玩伴身份融入孩子们精彩纷呈的游戏，体验端午风俗民情的有趣和多样，亲子共同感受传统节日文化习俗的独特魅力。

活动过程：

1. 家园共育讲绘本

活动开始前，汐汐妈妈为孩子们讲述了绘本故事《不是方的　不是圆的》，故事从小老鼠的视角出发，以视觉和味觉为切入点，将比较抽象、难理解的传统文化以孩子们乐于接受的方式来传达，一下子抓住了孩子们的兴趣点。通过讲故事带领孩子们一起探索和发现端午节的习俗和乐趣。

2. 亲子共同包粽子

活动现场粽香四溢，洋溢着浓浓的节日氛围，孩子们也学着拿起粽叶，放上加好配料的糯米和咸肉，小心翼翼地裹上粽叶，扎上绳子，很快一只只小巧的粽子成型了。孩子们拿着自己亲手包的粽子，脸上洋溢出满满的骄傲与幸福。在此活动中大家不仅体验了包粽子的乐趣，而且感受到优秀传统文化的魅力，通过亲子之间相互交流与配合增进了感情。

3. 家长助教制龙舟

为满足孩子们对龙舟的兴趣，从事船舶设计的佑佑爸爸为孩子们细致讲解了龙舟的纹路、造型、结构等，并通过图片、视频等方式，全面直观地让孩子们对龙舟有了初步的认识，过程中发放制作龙舟的材料包，并为大家讲解龙舟制作的步骤。听完讲解，大家迫不及待动起手来。一艘艘栩栩如生的龙舟制作成功。家长们将制作好的龙舟拿到操场上进行趣味赛龙舟接力跑游戏，随着裁判的一声令下，陆地赛龙舟正式开始，大家你追我赶，奋力奔跑，呐喊声、欢呼声连成一片。游戏中孩子们不仅充分体验到龙舟竞渡的速度与激情，也更加明白了团队合作的重要性。

4. 亲子共系五彩绳

五彩绳也被称为五彩长命缕，有祈福纳吉的美好寓意。对于孩子们来说，编五彩绳有一定的难度。在了解了各种编法后，我们选择了难度相对较低的麻花辫编法。亲手制作好后，有的小朋友想把五彩绳送给自己，有的小朋友想送给妈妈，有的小朋友想送给自己的小伙伴。大家热闹地讨论着，用稚嫩的话语表达着温暖，传递着感动。

5. 亲子赛歌会

活动当天进行的亲子体验式节奏儿歌表演也是一大亮点，家长们一起学习《过端午》这首儿歌，并在活动中用图卡帮助幼儿理解、记忆歌词，用沙锤来表现"划龙舟"的热闹氛围，并通过使用沙锤帮助幼儿进一步掌握歌曲的节奏。此环节轻松欢快，将活动推向新的高潮，孩子们充分体验到端午节的习俗和乐趣。

6. 活动总结

此次"浓浓粽叶香，悠悠亲子情"端午节亲子活动寓教于乐，不仅锻炼了孩子们动手能力和团队协作能力，让孩子们沉浸式体验传统文化，切身感受到传统节日习俗的魅力，同时让家长和孩子们的情感更加融洽，也拉近了家园的亲密度。

（北京市朝阳区光华路幼儿园　李君、索思）

案例二：欢乐童趣迎新年

■ 活动方案

活动主题：家长与幼儿共成长——我们一起迎新年

活动目标：

1. 通过活动让幼儿了解并体验传统节日春节的习俗。

2. 能自主参与互动，体验幼儿园里的年味儿，感受过年的喜庆氛围。

3. 增强亲子间的互动，共同感受新年传统节日的欢乐和喜悦。

活动准备：

提前通知家长参加时间及地点，准备签到表与活动反馈表（表2-19）。

活动时间：上午9:00—11:00。

活动地点：各班教室。

活动流程：

1. 家长参与节日活动前，园长、保教主任、保健主管召开预备会，针对节日活动会议内容进行讨论，确定时间及地点。

2. 做好家长参与节日活动的各项准备，通过微信、班级通知家长活动时间、地点。

3. 家长志愿者沟通互动流程与各环节的具体细节部分。

4. 活动当日具体流程。

（1）家长陆续入园，进行卫生消毒；

（2）家长集中到各班级门口签到；

（3）开展亲子游园集章打卡活动；

（4）活动自然结束；

（5）请家长分享活动感受。

活动流程图（图2-29）：

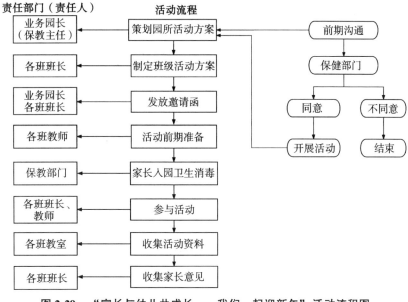

图2-29 "家长与幼儿共成长——我们一起迎新年"活动流程图

■ **活动案例**

幼儿园欢乐童趣迎新年游园亲子活动

春节来临之前，幼儿园开展了一场由幼儿、家长、教师三者自发创意、自主设计、自由结伴的"大带小"的新年游园活动。孩子们在自主、轻松、愉悦的氛围下，全体齐聚幼儿园，在"知年俗、享年味、寻年趣"传统文化氛围中，一起感受新年的喜庆，感知中华传统民俗的魅力。

［备］ 家园协同共度新年

新年活动怎么过呢？教师既倾听幼儿的想法，又咨询家长的建议。还会组织家委会、园委会共同策划新年活动，以往新年活动以表演节目为主，今年准备策划亲子游园。那游园活动都做什么呢？在与家长沟通后，最终确定了游园活动围绕新年节日的"玩、做、吃"。为充分发挥家长的资源优势，小班家长协助准备吃的工具材料（擀面杖、面板、盖帘等），中班家长协助准备玩的材料，大班家长协助准备制作的材料，同时征集游园活动志愿者。

［玩］ 亲子游园乐玩新年

亲子游园活动开始。大手拉小手，快乐结伴，孩子们拿着游园地图和爸爸妈妈一起识地图，寻找自己喜欢的游戏项目……

"享年趣，巧制作"板块中，在家长志愿者的协助下开展了有剪窗花、做大鱼、写福字等制作项目。孩子们的脸上洋溢着笑容，快乐地参加新年主题活动、体验新年气氛，尽情感受传统文化的魅力。

"寻年趣，玩游戏"板块中，家长志愿者们回忆起拍洋画、甩大炮的童年游戏觉得特别有意思，也想让幼儿园里的小朋友玩一玩。除了家长志愿者提供的游戏想法，教师与小朋友还设计了更多传统游戏，如投壶、盲人击鼓、转陀螺、套圈等，孩子们兴奋地穿梭在游戏场之间，玩得不亦乐乎。

"品年味，享美食"板块中，家长志愿者又化身为美食家。梦梦妈妈变成了"大厨师"敏捷地切着面剂子、擀皮儿，还有的"新手"现场学习，孩子们也模仿着爸爸妈妈的样子开始行动起来。慢慢地切下一小块面剂子，用小小擀面杖反复碾压，逐渐成形后，用小勺舀一些馅儿放上面，包的过程中还遇到了一些小问题——饺子总是露馅，家长和幼儿一起探究，共同解决这个问题。在此活动中大家不仅体验了包饺子的乐趣，感受到优秀传统文化的魅力，也通过亲子之间的相互交流与配合增进了感情。

浓浓的年味儿怎能少了舌尖上的文化传承，串糖葫芦、做汤圆、蒸枣馍……扑鼻的香味儿溢满整个幼儿园！

［享］交流研讨助力成长

新年活动结束后，孩子们纷纷表示游园活动非常有意思、好玩，家长志愿者们也分享了此次活动参与的感受。此次活动不仅能让家长们积极参与到幼儿的节日活动，发现幼儿在园快乐的游戏瞬间，更是促进了家园共育机制的完善。

表 2-19　幼儿园亲子游园活动反馈表

班级：	幼儿姓名：	与幼儿关系：
您家庭中是否有本次活动的志愿者？	有□　　没有□	
本次庆新年亲子活动您的角色是什么？	共同游戏□仅陪同游戏□幼儿要求时参与□	
您认为此次亲子游园中 您最喜欢的项目，为什么？		
本次活动您认为最大的价值在哪？		
您还有哪些建议？		

（北京市朝阳区秀园幼儿园　贾思雨、吴洁、王婷）

（北京市朝阳区望京新城幼儿园　张彦君）

案例三：书香浸润童年，阅读点亮人生

■ **活动方案**

活动主题：书香浸润童年，阅读点亮人生

活动目标：

1. 推进阅读活动在园内及每个家庭深入，培养幼儿自主阅读与学习的能力，实现协同育人目标。

2. 开拓视野、丰富知识，从而让幼儿喜欢阅读、爱上阅读。

3. 满足3~6岁幼儿家长对育儿的美好期待和对学前教育的了解，感受阅读的魅力。

活动准备：帐篷故事会准备帐篷、图书、地垫、气球；春日书签准备桌子、桌垫、水彩笔、干花、托盘、书签、装饰吊坠；图书义卖区准备地垫、价格标签和水彩笔；投骰子讲故事区需要准备标注时间、地点等要素的故事骰子；拍照打卡区绘本人物；活动反馈表（表2-20）。

活动地点：幼儿园操场、活动室。

活动流程：

1. 介绍读书日活动意义和内容。

（1）主班教师向家长介绍本次活动的目的、意义和价值；

（2）向家长说明帐篷故事会、春日书签、图书义卖会、投骰子讲故事、和拍照打卡区的活动内容、材料及目标；

（3）教师带领家长到指定位置。

2. 自主阅读、游戏环节。

（1）幼儿自主选择活动、同伴；

（2）幼儿与家长一起阅读；

（3）幼儿通过观察画面创编故事；

（4）幼儿在图书义卖中组织语言介绍图书，并尝试发现问题与解决问题；

（5）幼儿在春日书签活动中进行艺术创作。

3. 家长分享环节：请家长分享今天参与活动的感受。

活动流程图（图 2-30）：

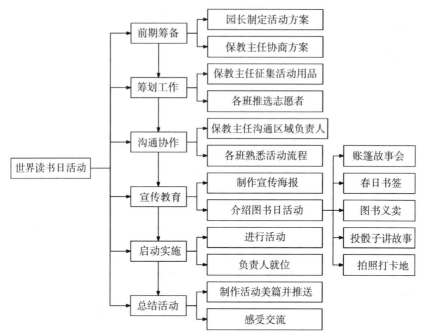

图 2-30　"书香浸润童年，阅读点亮人生"活动流程图

■ **活动案例**

幼儿园世界读书日家长开放活动

依据教育部《幼儿园保育教育质量评估指南》指导精神，幼儿园始终秉持"以儿童为本，坚持儿童的立场"的教育理念，结合全程伴随式的家长培训共同呵护幼儿成长。通过家园社协同机制促进幼儿自主阅读、自主学习，实现协同育人的教育目标。

活动主旨

世界读书日到来之际，为进一步推进阅读在园内及每个家庭深入，落实教育部《幼儿园保育教育质量评估指南》中早期阅读的指导要求，以"世界读书日"为契机，开展"书香浸润童年　阅读点亮人生"为主题的读书节活动。本次读书节设有丰富多彩的活动，有帐篷故事会、春日书签、图书义卖、投骰子讲故事、拍照打卡等多种活动。

帐篷故事会

一帐篷，一天地，一相遇，一故事。幼儿在帐篷故事会中，自主选择自己喜欢的故事，在听故事、讲故事的过程中学会认真倾听、大胆表达。小小的帐篷不仅承载着孩子们阅读的喜悦，也满足了家长和幼儿共同阅读的需求，家长通过声情并茂的绘本朗读，吸引着小朋友参与互动，同时了解了幼儿在阅读中的学习特点与方式。

春日书签

书签，起源于我国春秋战国时期。宋朝以后，读书人喜欢在书签上写诗作画。现如今，书签已发展成了各种各样的形态。在老师的带领下，孩子们了解了书签的特点及作用后，他们展开想象的翅膀在书签上尝试绘画各种喜欢的造型，粘贴干花树叶等进行艺术创作。

图书义卖

让幼儿当"掌柜"的活动不仅培养了他们的语言表达能力、组织能力、应变能力、理财能力，还提升了幼儿参与社会实践活动的综合能力。在活动中学会沟通、学会诚信待人，体会乐趣，也获得了丰富的生活积累。在家长志愿者的参与下，以义卖活动为纽带，我们把义卖所得捐赠给社区公益项目，请社区帮助捐给需要的组织。幼儿园与社区密切合作，构建了家园社协同育人共同体，在协同互助、资源共享中促进幼儿成长。

投骰子讲故事

游戏中，幼儿掷骰子，认真观察骰子上的时间、地点、人物、事件，并将其串联进行故事创编。在尊重幼儿创编意愿的基础上，鼓励其大胆表达，培养其叙事能力。教师与家长通过倾听幼儿表达，了解幼儿的发展水平。

拍照打卡

让孩子留下美好的瞬间，让照片陪伴孩子一起成长。在这里，小朋友可以自主选择喜欢的绘本场景或角色创编不同的造型进行拍照打卡互动，也可以和同伴一起运用装扮道具大胆表现，体验与同伴共同游戏的快乐，这也是孩子表达阅读感受的方式之一。

在活动中，家长充分支持幼儿自主学习与游戏，追寻儿童的视角，支持他们在"做中学""玩中学"，不断地积累经验。

此外，为满足广大家长对育儿的美好期待及对了解学前教育专业的渴望，幼儿园在世界读书日活动中，邀请福怡苑社区幼儿家庭参与活动，组织家长陪伴幼儿共游书海，感受阅读的魅力。愿每一位小朋友都能在阅读中快乐成长，让智慧的种子在心中生根发芽。

表 2-20　世界读书日活动反馈表

班级（　　）幼儿姓名（　　）家长（　　）

参与环节	春日书签□　　　　　帐篷故事会□　　　　图书义卖□ 投骰子讲故事□　　　拍照打卡□
活动对幼儿的阅读培养具体有哪些？	
活动评价	您看到了怎样的教师（可记录教师的语言、行为、方法、组织活动的策略等） 您看到了怎样的幼儿（可记录幼儿对教师的语言、行为、组织等反应）
您如何理解孩子的学习特点和过程？	
您发现了活动中孩子哪些发展？举例说明	
参与活动后的感受	

（北京市朝阳区福怡苑幼儿园　佟美萍、张蕊、王雅楠）

二、家长参与幼儿课程活动

教育部《幼儿园保育教育质量评估指南》中指出："幼儿园与家庭、社区密切合作，积极建构协同育人机制，充分利用自然、社会、文化资源，共同创设良好的育人环境。"可见，家长与幼儿园是密切的合作者，是为幼儿成长营造良好环境的协同者，同时也是幼儿园课程重要的参与者与评价者。幼儿园课程具有开放性、多元化等特点，课程内容来源于幼儿生活和游戏，随着课程的需要、家长课程意识的提升，越来越多的家长走进课堂，参与到幼儿园的课程中，发挥自身优势和特长，丰富和拓展幼儿的学习、游戏经验。家长对幼儿园课程活动参与得越深入，也就越能促进幼儿发展、教师发展及家长发展。

 案例一：家长走进课堂——和爷爷一起种植

■ **活动方案**

活动主题：家长走进课堂——和爷爷一起种植

活动目标：

1. 挖掘家长资源，拓展、丰富幼儿游戏与活动经验。

2. 家园携手，形成教育合力，共同营造良好的教育环境。

3. 建构家园共育课程机制，丰富课程内容，为"携手共育"的目标奠定基础。

活动准备：家长课堂申请表、邀请函。

活动地点：各班教室或多功能厅。

活动流程：

1. 召开全体家长会，介绍"家长课堂"活动。

2. 向家长发出邀请，家长自愿填写"家长课堂申请表"。

3. 向班级公示"家长课堂"情况，确定参加人员。

4. 结合家长课堂内容，制订活动方案。

5. 进一步与家长沟通"家长课堂"安排。

6. 家长入园，完成登记与卫生消毒。

7. 家长组织活动，教师协助开展。

8. 教师团队总结活动经验，做好活动宣传。

活动流程图（图2-31）：

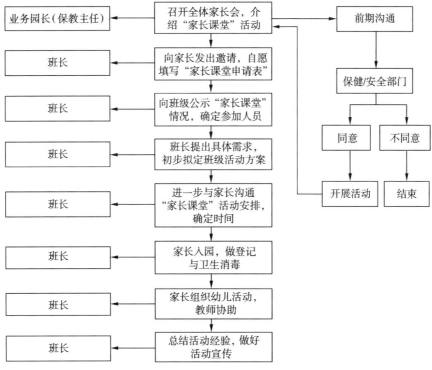

图2-31　"家长走进课堂——和爷爷一起种植"活动流程图

■ 活动案例

光华路幼儿园家长参与幼儿课程活动

活动背景：

为丰富幼儿"播种—照顾—收获"等系列种植体验活动，中一班开展"兔先生的菜园子"主题活动。班中雯雯爷爷本学期提交了"家长课堂申请"，教师敏锐抓住雯雯爷爷这一重要资源，邀请爷爷走进课堂。

活动准备：蔬菜调查。

幼儿通过调查了解菠菜和小葱的生长条件及养护要点，为后期照顾好小菜苗提供支持。

工具准备：家园共同配合，家长为幼儿准备铲子、喷水壶、耙子等工具，为种植做准备。

活动过程：

爷爷以录制视频的方式向幼儿推荐了几种适宜的蔬菜。幼儿激动万分，兴趣被激发，经过投票决定种植菠菜和小葱。

第一阶段：和爷爷一起种蔬菜

教师：爷爷家有一个大菜园，里面种了很多蔬菜，下面就请爷爷分享一下自己的种植方法和经验吧。

爷爷：小朋友们好，我是雯雯的爷爷，很开心今天来幼儿园和你们一起种菜。谁知道怎样把种子种到土里？种子种好以后，需要做哪些事情？

爷爷帮助幼儿梳理种植过程，介绍种植方法：松土、播种、覆盖、浇水。

第二阶段：爷爷帮忙解决问题

蔬菜为什么不发芽？

经过连续几天的观察，小菜苗始终没有发芽。幼儿很着急，决定寻求爷爷的帮助。

其一，爷爷现场指导，"抢救"蔬菜。

经过实地考察，发现蔬菜不发芽因为是土地营养不足，需要尽快施肥。后期在爷爷的指导下，幼儿为种子施肥、浇水。

其二，保护菜苗大行动。

种子很快发芽了，幼儿兴奋不已。在爷爷的建议下，幼儿决定制作爱心提示牌，提示小朋友爱护小菜苗。

第三阶段：蔬菜丰收，感谢爷爷

通过爷爷持续的指导和幼儿精心的呵护，菠菜和小葱渐渐长大。幼儿商量后，决定用收获的蔬菜制作美食答谢爷爷。

活动反馈：

此活动幼儿全程参与。当看到种子不发芽时，幼儿能主动邀请爷爷帮助当种子发芽后，幼儿能制作爱心提示牌保护菜苗成长；当蔬菜丰收后，幼儿能主动与爷爷分享，感谢爷爷一直以来的帮助。在这个过程中幼儿既看到了植物生长的过程，也感受到了劳动的艰辛与喜悦。更难能可贵的是，他们懂得感恩，能通过蔬菜分享感谢爷爷全程的陪伴与帮助。小小的种植活动给孩子们带来了大大的收获。

爷爷表示，很开心能以"老师"的身份参与到活动中，将自己的种植经验与幼儿分享。这既培养了幼儿的劳动意识，又在幼儿成长过程中播撒了希望。幼儿就好像一株株成长的幼苗，人们在他们身上寄托着对祖国下一代深深的爱。

（北京市朝阳区光华路幼儿园　李梦、郭娜）

 案例二：幼儿种植探奇妙　家园协力助成长

■ **活动方案**

活动主题：博物教育课程活动——种植游乐园

活动目标：

1. 通过调查和实践，让幼儿了解适合在春天种植的植物，提升幼儿的观察、探索和动手能力。

2. 家长与幼儿共同参与活动，提升教育指导能力。

3. 家园沟通，形成教育合力，提升教育质量。

活动准备：

1. 大二班种植调查表。

2. 植物攀爬架搭建材料（竹竿、麻绳、园艺支架等）。

3. 艾草、浇水工具、湿度计等。

4. 相关植物资料、展示板。

5. 观察记录表（表2-21）、调查问卷。

活动地点：幼儿园小花园、各班教室等。

活动流程：

1. 前期准备与调查。

（1）教师通过情景导入激发幼儿种植兴趣；

（2）幼儿与家长一起查阅资料，完成种植调查表，了解适合在春天种植的植物。

2. 种植与实践。

（1）幼儿选择自己想种的植物，进行种植活动；

（2）在植物生长过程中，幼儿观察并记录植物的变化，同时给爬藤类植物搭架子、探究浇水问题等；

（3）家长适时提供指导和帮助，鼓励幼儿自主解决问题。

3. 经验总结与分享。

（1）幼儿根据自己的观察和实践，总结种植经验；

（2）教师组织幼儿分组讨论，分享自己的经验和发现；

（3）家长协助幼儿梳理讲解要点，引导幼儿为展示种植成果和经验做准备。

4. 展示与交流。

（1）举办"种植游乐园展览会"，让幼儿向弟弟妹妹们展示种植成果，分享种植经验；

（2）邀请家长作为观察员，观察幼儿在展示和交流中的表现，并记录下来。

5. 反馈与总结。

（1）活动后，家长与教师进行交流，分享观察心得和建议；

（2）教师根据家长的反馈，总结活动经验，为今后的教学提供参考；

（3）家园共议幼儿观察能力培养策略。

活动流程图（图2-32）：

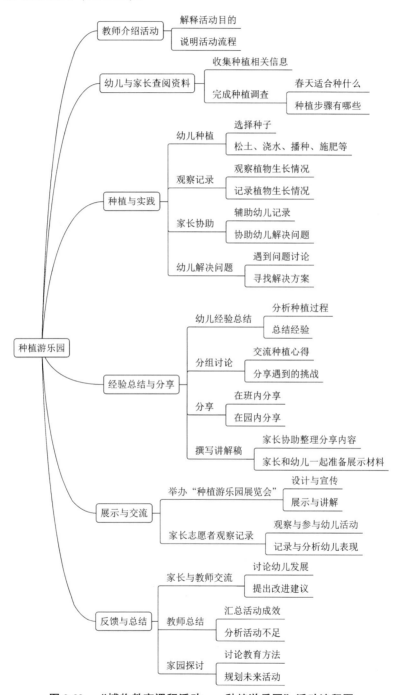

图2-32 "博物教育课程活动——种植游乐园"活动流程图

■ **活动案例**

福怡苑幼儿园博物教育课程活动——种植游乐园

惊蛰节气适合种植。小朋友们想到中班种植没有成功的经历，特别想弥补遗憾。这个提议得到了班级所有小朋友的认可，于是系统化的种植活动在大二班展开了。

问题1："春天适合种什么？"——赋能家庭，用计划支持幼儿成长

"春天适合种什么？"这是小朋友们开展种植活动面临的第一个问题。于是教师请小朋友们和家长一起查找资料，共同完成"大二班种植调查表"，赋能家庭用计划表来支持幼儿活动。通过这次活动，幼儿不仅找到"春天可以种什么"，还把"我想种什么"，以及"我想种的植物种植步骤有哪些"等问题一起列入调查表里，为后续种植活动做了铺垫。

问题2："怎么把架子搭得又稳又高？"——赋能家庭，支持幼儿自主解决问题

小朋友们选择了自己喜欢并且适合在春天播种的种子，带到幼儿园种植。随着豆角、黄瓜等爬藤类植物一天天长大，要给它们搭架子了。一开始，小朋友选择在植物旁边立一根木棍，但是第二天发现所立木棍有的倾斜，有的倒了。"怎么把架子搭得又稳又高？"这是他们遇到的第二个问题。在不直接告诉幼儿答案的情况下，家长应该怎么帮助幼儿解决问题呢？有的家长利用周末带孩子去郊区菜棚观察农民伯伯如何为蔬菜搭架子。有的家长搜集了一些搭建鸟巢的视频，让幼儿从搭鸟巢的视频中习得经验。这次活动不仅解决了种植难题，也让家长收获了一些支持幼儿自主解决问题的小妙招。

问题3："为什么浇完水后，艾草反而越来越蔫了？"——赋能家庭，和孩子成为共同学习者

五一节后，有小朋友从老家带来了几棵艾草。经过几天的照料，艾草却越来越蔫。"为什么浇完水后，艾草反而越来越蔫了？"这是他们遇到的第三个问题。很多家长也不知道原因。于是小朋友和家长一起查资料或者请教有经验的长辈，终于找到了原因："不能中午浇水。中午天太热了，浇水的话会快速蒸发，这样植物就会缺水。"原来不仅浇水的量要适宜，而且浇水的时间也要合适啊！调整浇水的时间后，艾草果然活了过来。在这个过程中，家庭和幼儿都作为学习者进行学习。共同学习能有效激发家庭和

幼儿的参与热情。

问题4："这个讲解稿是什么意思?"——赋能家庭,理解幼儿的学习方式

"听说幼儿园要准备'5·18国际博物馆日'活动了,我想把我们的小花园展示给幼儿园的弟弟妹妹,还要把我们种植成功的经验讲给他们听。"孩子们激动地说道。那么,讲解稿怎么写呢?有家长直接从网上搜集了一些植物的相关信息作为孩子的演讲稿,可是这些内容对于幼儿园的孩子来说太深奥了。那该怎么办呢?幼儿的思维方式和学习方式与成人有很大的区别,我们不能以成人的思维看待与解决问题。于是我们建议家长多倾听幼儿的表达、尽量用幼儿的语言组织演讲稿。最终孩子们的讲解稿在科学严谨的基础上充满童趣。

表2-21　"5·18国际博物馆日"家长观察员记录表

记录人＿＿＿＿＿　班级＿＿＿＿＿　家长＿＿＿＿＿

观察主题	(全园十二个主题,选取您感兴趣的主题观察即可)
观察实录	
您认为孩子在游戏的过程中获得了哪些发展?结合幼儿表现具体说明。	
您认为本次活动在组织设计方面有哪些优势与不足?不足之处可怎样改进?	
作为家长,您还希望以什么样的形式参与后续相关的活动?	

(北京市朝阳区福怡苑幼儿园　张朋艳、魏楠、王雪)

 案例三:自然课程活动——野菜挖呀挖呀挖

■ **活动方案**

活动主题:自然课程活动——野菜挖呀挖呀挖

活动目标:

1. 家长通过自然课程活动,了解教师课程设计的意图及幼儿的学习方式,了解支持幼儿学习的策略。

2. 幼儿利用多种感官了解野菜，发现不同种类野菜的特征，提高劳动意识和劳动技能。

3. 教师引导幼儿仔细观察野菜的形态特征、了解野菜的营养价值、掌握相应工具的使用方法，培养幼儿的生活能力。

活动准备：

野菜图片、挖菜工具、自制手提袋、自制小草帽、放大镜、音响等。

活动地点： 幼儿园外的小公园。

活动流程：

1. 活动开始：野菜之行，即将启程。

（1）教师提前考察活动地点，确保环境安全、野菜资源丰富；

（2）通过微信、微型家长座谈向家长介绍本次活动的目的、意义，召集家长参与活动；

（3）向家长说明活动大概流程、时间、地点及注意事项等内容。

2. 活动进行中：野菜探秘，乐在其中。

（1）集合出发：班级教师再次向家长介绍本次活动对幼儿的发展价值，说明活动中家长对幼儿的关注重点、指导要点等具体内容；

（2）伴随音乐步行到活动地点；

（3）家长进行知识拓展，介绍关于野菜的传说、故事、诗词等。讲述神农尝百草的故事，引导幼儿了解古人对野菜的认识和运用；

（4）家长、教师向幼儿介绍野菜的特点及挖菜工具的使用方法，提示安全注意事项；

（5）幼儿体验挖野菜，家长进行引导、识别；

（6）实践活动结束，幼儿在音乐声中到达集合地点，整理工具。

3. 活动结束：野菜漫谈，收获满满。

（1）幼儿相互展示自己的劳动成果，互相分享挖野菜的过程中有意思的事情；

（2）幼儿、家长分享收获的喜悦，交流野菜的种类，讨论野菜的用途，抒发实践活动感受；

（3）合影留念。

活动流程图（图2-33）：

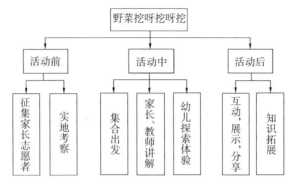

图2-33 "自然课程活动——野菜挖呀挖呀挖"活动流程图

■ **活动案例**

华洋紫竹幼儿园家长参与幼儿课程活动——野菜挖呀挖呀挖

×月×日，幼儿园以开放的形式邀请家长走进班级实践课程——挖野菜活动。家长以观察者、倾听者、参与者的多重身份参与活动，深入了解幼儿在挖野菜实践活动中的表现，零距离感受幼儿在活动中的学习方式及教师的教育方法。在这个过程中，家长仿佛打开了一扇通往孩子内心世界的窗户，深切感受到孩子在幼儿园的成长与进步，也更加理解了幼儿园课程的重要意义。

［阐］活动由来

春季万物复苏，是孩子们亲近大自然、汲取新知识的黄金时节。小朋友们如同约好了一般，来到幼儿园门口的小公园尽情嬉戏。此时，草丛中总有爷爷奶奶们忙碌地挖着野菜。好奇的孩子们纷纷凑上前去询问。当听到野菜的奇妙用途时，孩子们的好奇心与求知欲瞬间被点燃。

鉴于幼儿对挖野菜表现出的浓厚兴趣，教师热情地邀请家长走进班级，参与挖野菜实践课程。家长的温馨陪伴，与自然的亲密接触，为幼儿带来了愉悦放松的体验。通过直接感知、亲身体验和实践操作的学习方式，幼儿认识了多种可食用野菜的外形、颜色、生长环境（特别强调可食用野菜的辨识方法与安全注意事项），扩展了对自然的认知，激发了对大自然的好奇心与探索欲望。家长们借此机会，也能更深入地了解了孩子的学习方式和老师的教育方法。

[感] 实践活动

此次活动加强了家园之间的联系与合作，也为家长和孩子提供了共同参与、互动交流的机会。在活动中，家长和孩子一起寻找野菜、分享发现，增进了亲子之间的感情。

[享] 活动提升

家长层面：理解教育理念，支持家园共育。家长通过此次实践活动，深入探寻幼儿园的教育理念与教学方法，深刻领会教师课程的设计初衷。挖野菜活动有助于家长明晰孩子的学习模式，进而促使家长在日常生活中为孩子给予适宜的学习方法与资源，全力支持幼儿园工作，真正实现家园共育。

幼儿层面：掌握生活常识，培养环保意识。实践活动后的分享，使幼儿了解到野菜的一些用途。在家长的帮助下，幼儿学习了如何辨别可食用的野菜，以及野菜的烹饪方法等生活常识，同时明白了野菜是大自然的馈赠，需要珍惜和保护大自然。

社交层面：促进同伴合作，增强情感交流。在挖野菜过程中，幼儿需要互相合作，共同完成任务。活动后幼儿有机会与同伴分享自己的发现和收获，增强了同伴之间的情感。

(北京市朝阳区华洋紫竹幼儿园　张强、刘贞、孟颖)

三、家长参与幼儿文化节活动

文化节作为综合性活动，既能为幼儿的感受和表达搭建平台，又能为幼儿园开展素质教育提供途径。幼儿园可基于幼儿年龄特点和身心发展规律，尝试以体验学习为载体，开展亲子文化节活动，通过文化之美浸润幼儿内心，助力文化自信深植幼儿心田。

活动前可向家长介绍文化节的内容及价值。亲子共同参与体验文化节活动，可直观学习及体验民族文化。文化节活动不仅能增进亲子情感，还能让家长了解幼儿的兴趣爱好，从而在日常生活中更好地支持幼儿。活动体验后通过可视化问卷、组织小组访谈等方式，给予幼儿表达机会，同时增进家园沟通，形成家园合力，共同促进幼儿发展。

案例一：陪伴感受文化　传承民族自信

■ **活动方案**

活动主题：家长与幼儿共体验——非遗润童心

活动目标：

1. 构建家园互动机制，增进家园联系，提升教育质量。

2. 让幼儿了解体验中华优秀传统文化，培养其对中华优秀传统文化的兴趣与热爱。

3. 提高幼儿与他人合作及沟通的能力，促进幼儿社会性发展。

活动准备：文化节活动材料、调查表（表2-22）。

活动地点：幼儿园操场。

活动流程：

1. 活动前，园长与保教部门、保健部门针对幼儿文化节活动召开预备协商会。

2. 向幼儿园领导上报幼儿文化节活动申请并说明该活动的意义，审核通过后开展下一步工作。

3. 做好各项准备，向家长发送邀请函，明确活动时间、地点及内容。

4. 活动当日具体流程。

（1）家长手部卫生消毒后有序入园；

（2）家长在各班级相应位置签到；

（3）开展幼儿文化节活动。

第一部分：教师向家长介绍本次活动目的、意义和价值，简要说明文化节游戏材料及目标。

第二部分：体验制作传统手工艺品，如剪纸、捏泥人等。亲子共同制作，体验传统文化魅力。

第三部分：品尝地方传统美食。在品尝小吃的过程中，教师逐一介绍传统小吃。这能满足大家味蕾，帮助幼儿了解乡文化。

第四部分：试穿传统服饰。教师适时介绍传统服饰的文化背景及特色。

（4）活动结束后，幼儿自主有序盥洗。

5. 结合问卷调查整理家长反馈意见，教师分享交流。

活动流程图（图 2-34）：

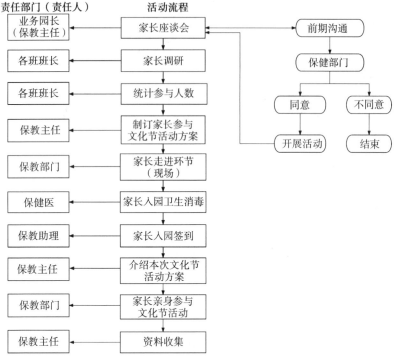

图 2-34 "家长与幼儿共体验——非遗润童心"活动流程图

■ **活动案例**

国风古韵 童趣游园——光华路幼儿园文化节亲子活动

中华优秀传统文化是我国几千年传承的文化精髓，有着极高的教育价值，对人们的思想、意识、观念有着直接影响。幼儿阶段是个人能力提升的关键期，有效利用游戏元素向幼儿介绍中华优秀传统文化，有助于幼儿树立文化自信及民族自信，增强爱国主义情怀。

从幼儿园管理角度出发，本次活动丰富幼儿文化生活、提升幼儿对传统文化认知兴趣，加强亲子间互动。幼儿园要确保活动的教育性、趣味性及安全性，构建优质的家园共育载体；要引导家长与孩子融入"国风"与"童趣"，让"国风古韵，乐享童年"的信念扎根孩子的心灵；要通过亲子协作展现幼儿园特色。

接力传统乐器

活动前期进行乐器筹备，选择适合幼儿操作且数量充足的传统乐器，确保乐器安全性和操作性。家长与幼儿组成家庭代表队接力传递乐器，包括大鼓、笛子、唢呐、葫芦丝等。游戏期间穿插各种障碍（如穿越拱形门、梅花桩、匍匐过线网）等挑战，考验亲子默契度，营造轻松愉快氛围。

绘制吉祥兔儿爷

兔儿爷是老北京吉祥物。此活动带大家梦回老北京，了解兔儿爷传说。幼儿和家长拿起画笔，绘制出俏皮可爱、五彩斑斓的兔儿爷。传承手绘兔儿爷习俗，亲身感受中国传统文化的魅力。亲子共同搭配色彩，通过先整体后局部、先浅色后深色的绘画步骤为石膏兔儿爷上色。在这个过程中，每位幼儿都展现出自己独特的创造力。幼儿在色彩斑斓的颜料绘制活动中表达着自己对美好生活的期盼。

共制自然花灯

花灯的造型和图案往往寓意吉祥，寄托着人们对生活的美好期待。同时，花灯承载着丰富文化内涵和深厚历史底蕴，是中国传统文化中的璀璨明珠。家长和幼儿根据自身喜好把气球吹成适当大小，构造出灯的基本模型，然后将蘸水的纸巾轻轻黏在气球上。在黏的过程中会有重叠，保证纸巾全部贴在气球上即可。待纸完全风干后，幼儿选择不同形状、颜色的花瓣等进行装饰。精致俏丽的花朵图案，使每盏花灯都散发着温情与快乐。

家园交流研讨

文化节活动临近尾声，家长感触颇丰，积极分享活动真实感受。教师借此时机与家长围绕育儿观念沟通交流。很多家长反馈："幼儿对制作花灯兴趣浓厚，动手能力明显增强。这些活动符合幼儿成长规律，有助于幼儿身心健康发展。""文化节能在普及传统文化同时唤醒幼儿对祖国传统文化的热爱，在传承中创新传统文化的表现形式，帮助孩子们树立民族自豪感。"

表 2-22　"国风古韵　童趣游园"文化节亲子活动调查表

班级		幼儿姓名	
幼儿推荐游戏环节	接力传统乐器□	绘制吉祥兔儿爷□	共制自然花灯□
推荐理由			
家长推荐游戏环节	接力传统乐器□	绘制吉祥兔儿爷□	共制自然花灯□
推荐理由			
参与文化节感受			

（北京市朝阳区光华路幼儿园　赵旭、张旗）

案例二："食"刻相伴　"育"见美好——幼儿园食育文化节活动

■ **活动方案**

活动主题：家园共携手——幼儿园食育文化节活动

活动目标：

1. 让家长深入了解幼儿园食堂食品安全管理和饮食文化，进一步促进家园共育。

2. 征求家长对幼儿园食堂管理及伙食质量的建议，进一步提高幼儿伙食和服务质量，促进幼儿健康苗壮成长。

活动准备：

温馨的环境，幼儿园的美食，饮食品鉴记录表（表2-23）。

活动地点：幼儿园会议室，食堂。

活动流程：

1. 介绍活动目的及流程。

（1）由各班班长进行签到；

（2）园长介绍本次活动的目的、意义和价值；

（3）保健医介绍幼儿园食堂安全管理、食材采购、食品加工及幼儿在园用餐的情况。

2. 参观食堂。

（1）后勤主任和保健医带领家长穿戴好防护服；

（2）家长参观食堂的操作间及仓库间；

（3）家长详细了解食材的采购、存放、择洗、加工、烹饪情况，以及物品使用和消毒情况。

3. 品尝美食。

（1）美食品鉴与亲子互动；

（2）家长评价与反馈。

4. 分享感受。

家长分享今天参与活动的感受。

活动流程图（图2-35）：

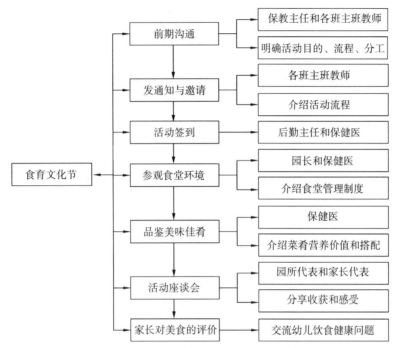

图 2-35　"家园共携手——幼儿园食育文化节活动"活动流程图

■ **活动案例**

"食"刻相伴　"育"见美好——福怡苑幼儿园食育文化节活动

活动纪实：美味相伴，健康相随

活动当天，家长们按时来到幼儿园。为了增加活动的趣味性，幼儿园特地设置了一个小型的食育互动游戏。每个家庭都被邀请参与"食材寻宝"活动，家长和孩子一起在食堂和教室里寻找事先放置的画有蔬菜、水果等食材的卡片。这不仅让孩子们学习认识了各种食材，还通过互动加深了亲子之间的感情。

活动正式开始后，园长向家长们介绍食育文化节的目的和意义，介绍了"吃得健康、吃得安全、吃得营养"这一理念。保健医则向家长们详细讲解了幼儿园每天的食材采购流程，展示了幼儿园食品安全管理措施。接下来，家长们有机会实地参观幼儿园的食堂和仓库。穿戴好防护服后，大家跟随后勤主任和保健医一起参观了食堂的操作间。家长们在参观过程中认真听取介绍，对食材的择洗及食堂的设备设施、卫生条件表现出浓厚的兴趣。参观完毕，家长们参加了一场"亲子美食品鉴会"。桌上摆满了由幼儿园厨师精心准备的菜品，涵盖了从早餐到午餐的各种健康膳食。家长们对菜品进行了仔细品鉴，并填写了饮食品鉴记录表。记录表包含关于膳食色、香、味、意、形多个维度的打分项，以及对幼儿园膳食的建议。

在食育文化节的最后，园长和保健医特别强调了家庭在食育中的重要作用。整个活动通过丰富的互动环节、家长和幼儿的积极参与，以及对健康饮食知识的传播，使家长们深刻理解了幼儿园的食育理念，增加了对幼儿园膳食管理的信任度。而孩子们在活动中不仅增长了食物知识，还体验到了亲子互动的乐趣。

经验分享：家园共育，携手前行

在活动的分享环节，不少家长表示通过此次活动加深了对幼儿园食堂管理的了解，尤其是对幼儿园食材采购和膳食搭配方面的严谨给予了高度评价。一位家长分享道："今天看到食材从采购到加工的全流程，才真正体会到孩子们在幼儿园吃得有多么健康和安全。幼儿园的食育文化不仅在餐桌上，更在对孩子健康习惯的长期培育中。"这段话引发了许多家长的共鸣。食育不仅是幼儿园的任务，在家庭中也至关重要。家庭是孩子饮食行为养成的首要实践场域。家长们纷纷表示，将更加积极地参与幼儿园的食育活动，学习更多关于营养与健康的知识，帮助孩子巩固良好饮食习惯。

教师分工：全员参与，共同推进

为了确保活动顺利进行，幼儿园教师团队提前做了细致的准备工作。在活动中，教师分工明确：有的负责签到、接待家长；有的负责引导家长参观操作间；有的负责维护现场秩序和家长提问解答。整个活动过程井然有序，每位教师都在自己的岗位上发挥着关键作用，体现了团队协作的重要性。

特色亮点：食育文化与教育的有机结合

本次食育文化节活动的亮点在于将"教育"与"饮食"有机结合。通过亲身参与，孩子们不仅学到了关于食物的基本知识，还明白了健康饮食对身体成长的重要性。家长们则通过填写饮食品鉴记录表，针对幼儿园的膳食质量、种类和营养搭配提出了宝贵意见。这为幼儿园今后在膳食管理和食育文化方面的提升提供了重要参考依据。

此次食育文化节活动的圆满成功，离不开家长、教师和幼儿的共同努力。未来，幼儿园将继续秉持"家园共育"的理念，推出更多富有教育意义的活动，帮助孩子们在健康快乐的环境中茁壮成长。

表2-23　幼儿园家长饮食品鉴记录表

记录人_____　班级_____　家长_____

参会时间		参会地点	
参会人数		分数	

评分标准：

幼儿园举行此次品鉴会活动，旨在提升厨师、面点师技艺，为幼儿提供更加美味丰富、营养均衡的膳食。欢迎大家参与此次美食鉴赏活动，请您本着公平、公正、公开的原则，在自己喜爱的美食下面画"√"（可多选）。

	翡翠虾仁	糖醋平鱼	玫瑰鸡翅	糖醋排骨	西芹百合	素炒三片	松仁玉米	桃酥	蛋糕	小佛手	蝴蝶卷	三鲜包子	酱牛肉
色													
香													
味													
意													
形													

您对幼儿园制订的营养餐食谱是否满意？

幼儿是否喜欢吃幼儿园的饭菜？

您认为幼儿食谱的膳食结构是否科学合理？

您认为幼儿餐食供应种类是否丰富？

您对幼儿餐食有哪些意见和建议？

（北京市朝阳区福怡苑幼儿园　张耿、崔洋、闫鹤）

案例三：走进传统文化艺术节

■ 活动方案

活动主题：走进传统文化艺术节——一场别开生面的欢乐庙会之旅

活动目标：

1. 让家长了解幼儿园传统文化艺术节的理念，更好地为幼儿提供支持。

2. 让幼儿了解元宵节习俗、传统手工艺、民间故事等传统文化内容。

3. 通过亲子制作、亲子表演等活动，让家长和幼儿体验亲子合作的乐趣和成就感。

活动准备：

物质准备：活动食材、新年音乐、根据互动游戏内容相关环境创设材料。

经验准备：对庙会及元宵节相关知识有初步认知。

活动地点：班级、多功能厅、大厅、操场。

活动安排：

1. 家长班级门口集合，教师进行活动注意事项讲解。

（1）1名教师组织幼儿在班级内进行游戏准备。

（2）主班教师向家长介绍活动的场地安排、目的、注意事项等。

2. 家长及幼儿布置庙会摊位场地，班级教师提供协助。

（1）引导家长、幼儿到达指定位置。

（2）协助家长、幼儿进行摊位设置及物品摆放。

3. 播放游戏音乐提示，每组家庭轮流进行元宵主题庙会体验活动。

（1）鼓励家长和幼儿积极参与多样化的庙会体验项目。

（2）协助"摊主"对参加体验活动的家长及幼儿进行指导与鼓励。

4. 体验活动结束后，进行摊位物品的归纳和整理。

（1）听到音乐响起，回到摊位。

（2）分类收纳，整理摊位。

（3）有序回班，进行盥洗与游戏分享活动。

5. 请家长分享活动感受。

活动流程图 （图 2-36）：

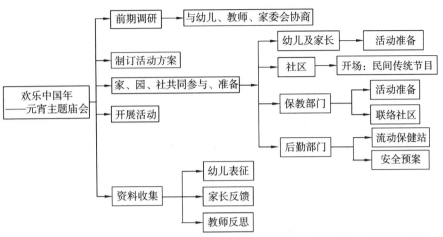

图 2-36 "走进传统文化艺术节——一场别开生面的欢乐庙会之旅"活动流程图

■ **活动案例**

欢乐中国年——元宵主题庙会

一年一度的传统文化艺术节开始啦，幼儿园以元宵节逛庙会的形式举行了文化节活动。家长们参与到文化节的游戏设计中和幼儿设计蕴含着各种不同元素的民俗游戏、民俗故事表演，将传统节日文化表现得形式多样。

丰富多样的主题庙会体验活动

元宵节庙会上，传统小吃琳琅满目，如象征着甜蜜生活的糖葫芦、寓意团团圆圆的元宵。幼儿与家长共同制作传统美食并现场品尝，展现出很高的参与热情。

在民俗体验环节，根据幼儿的生活经验和能力差异，邀请家长引导孩子们参与"赏灯猜谜""福到了（书写'福'字）""幸运绳（编织中国结）"等游戏活动。在愉悦的氛围中，幼儿潜移默化地领略了中华民族的传统文化，增强了文化认同感与民族自豪感。

民间艺术项目源于幼儿日常参与的创意坊活动。例如，制作糖葫芦、编织灯笼等游戏，通过幼儿熟悉的艺术表现形式结合传统文化元素，使幼儿亲身体验传统技艺蕴含的劳动智慧和创造力。

家长体验参与

文化节的开幕式特别邀请了民间手艺人来展示传统文化剪纸。这些前辈长者通过精湛的技艺，让幼儿见证纸的大变身，激发了幼儿对传统文化的兴趣。还有一些擅长书法的前辈长者也来到了庙会现场，亲自指导幼儿如何用毛笔书写福字和对联。这些前辈长者不仅展示了书法艺术的魅力，还让幼儿在写毛笔字的过程中感受到毛笔的神奇和书写的乐趣。

社区资源引进

在传统文化艺术节中，社区老手艺人向幼儿展示捏糖人、抖空竹、画年画等技艺，丰富了幼儿对传统文化技艺的了解。幼儿在参与过程中感受到丰富的传统文化活动。

对于社区来说，通过与幼儿园合作，共同举办庙会活动，不仅能够增强社区居民之间的凝聚力，还能够在社区内大力弘扬和传承传统节日文化，让成年居民在参与中回忆起美好的传统文化记忆，共同营造充满文化氛围和社区归属感的环境。

幼儿沉浸在充满仪式感的传统节日文化氛围中，体验了自主且有趣的活动，不仅促进了亲子关系，还提升了动手能力、运动技能和社会性发展。

在活动的筹备过程中，要注重将幼儿的想法与家园社三方意见融合起来。完成了本次传统文化艺术节，幼儿在游戏中感受到传统文化；家长和社区志愿者的积极参与，加深了家庭与社区之间的联系；通过与成人的互动，幼儿提升了社会性发展，为自己的成长之路增添了宝贵的经验。

（北京市朝阳区华洋紫竹幼儿园　王志军、支爽、姜亦麟）

第四节　1+1+1协同模式（家庭—幼儿园—社区）

一、幼儿园走进社区

社区是重要的教育实践环境。让幼儿走进社区去观察、探索、发现，通过参与各个社会实践活动，能帮助幼儿丰富自我生活经验，提高社会适应、团结合作的能力等，同时增强幼儿的社会性发展。这种活动不仅有助于幼儿更好地了解社区环境和公共设施的重要性，还能增强幼儿的环保意识、责任意识，以及文化素养。此外，幼儿园进社区活动还能促进幼儿与家长之间的互动，增进亲子关系，从而形成家园共育的良好氛围。

案例一：大手牵小手，同享好时光

■ **活动方案**

活动主题：大手牵小手，同享好时光

活动目标：

1. 通过多种互动形式，增强幼儿园与社区之间的联系。

2. 通过幼儿园进社区实践活动，宣传幼儿园理念，提高幼儿园教育的开放性。

活动准备：

提前调研确定参与人数并通知参与活动时间、地址等。

活动时间：

周三 9∶00—11∶00。

活动地点：幼儿园及社区活动中心。

活动流程：

1. 幼儿园进社区沟通，了解社区可利用的教育资源。

2. 成立社区对接小组，根据教育资源制订活动方案。

3. 每次活动前根据具体方案召开前期部署会议，做好宣传和准备。

4. 活动过程中注意留存幼儿活动过程性资料。

5. 活动后针对活动进行复盘，收集整理后续存档材料。

活动流程图（图 2-37）：

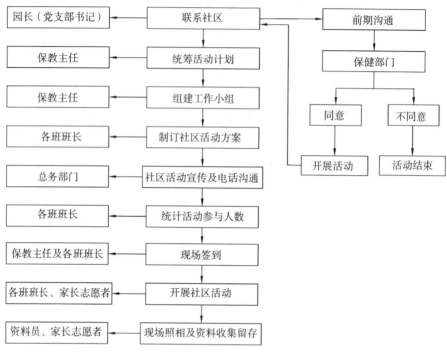

图 2-37 "大手牵小手，同享好时光"活动流程图

■ **活动案例**

光华路幼儿园"大手牵小手，同享好时光"走进社区实践活动

活动背景

《幼儿园教育指导纲要（试行）》指出，幼儿园应与家庭、社区密切合作，充分利用自然环境和社区的教育资源，共同为幼儿的发展创造良好的条件。我们结合社区、幼儿园、家庭三方面的重要途径，经过前期调研了解社区内可利用的教育资源开展多项活动，构建家园社协同机制，实现教育理念共享。

活动实录

活动一：走进消防站

为了让幼儿了解消防车和消防工具的用途，培养消防安全意识，掌握更多的自救、逃生、自我保护的方法，在本次活动中，幼儿与消防员叔叔来一次零距离接触。消防站探索课程包含装备认知、逃生演练等模块，旨在加强幼儿园师生的消防安全意识，提高幼儿园师生应对突发事件的能力。

消防安全主题系列教育活动中，教师带领幼儿走进消防站进行实地参观实践。幼儿在消防员叔叔的介绍下，认识了消防车辆和一些随车装备，了解到不同功能的消防车，如云梯消防车、救护消防车等。这样的活动不仅让幼儿直观地感受到消防员的工作，而且增加了他们对消防安全的认识。消防员通过互动方式，向幼儿讲解火灾的危害、拨打119电话的注意事项、遇到火灾如何逃生、如何正确使用灭火器等基本常识。

1. 参观微型救援站。

在社区工作人员的带领下，幼儿走进警官微型消防救援站。通过参观和实地现场教学，幼儿学习了灭火器的正确使用方法、火灾的预防措施。

2. 消防站开放活动。

在这次活动中，幼儿通过聆听消防故事、参观消防车辆、参加趣味课堂学习了消防安全知识。幼儿还有机会穿上消防防护服，体验"我是小小消防员"。这些活动不仅增强了幼儿园师生的消防安全意识，而且提高了他们在紧急情况下的自我保护能力和应急处置能力。

活动二：垃圾分类、绿色童行

为了增强幼儿环保意识，幼儿园进社区开展了"垃圾分类，绿色童行"活动。在活动中，社区工作人员用玩游戏和观看环保主题动画短片的方式，引导幼儿将注意力聚焦到垃圾分类上。幼儿对垃圾分类表现出极大的兴趣，意识到"践行垃圾分类理念，要从小做起，从点滴做起"。

1. 垃圾分类知识科普。

幼儿园紧密联系社区开展生态文明教育活动，带动幼儿及家长积极成为垃圾分类的宣传员。社区工作人员为幼儿进行垃圾分类知识科普，结合实际情况与幼儿共同探讨生活垃圾将如何分类。

2. 垃圾分类小游戏。

将垃圾分类知识渗透于游戏中，有助于幼儿更深刻地理解垃圾分类的重要性。例如，幼儿将垃圾名称贴到塑料瓶中，手持滚动塑料瓶，将塑料瓶滚到相应的垃圾箱内。在"送垃圾宝宝回家"活动中，幼儿需要冲破重重阻碍，将"垃圾宝宝"送到相应的垃圾箱内。这样的垃圾分类趣味游戏体验到了垃圾分类的乐趣。

该活动以亲子关系为情感纽带，以孩子跟家长的互动游戏为核心内容，旨在全方位开发孩子的能力，帮助孩子完成社会化适应的初级转化。我们结合社区资源的引进、幼儿的年龄特点，以游戏化的方式培养孩子的环保意识，普及垃圾分类的知识，让孩子进一步养成垃圾分类方面的行为习惯。

（北京市朝阳区光华路幼儿园　于萌萌、索思）

 案例二：进社区　展风采

■ **活动方案**

活动主题：童心飞扬，快乐成长——福怡苑幼儿园社区表演活动

活动目标：

1. 加强幼儿园与社区的联系，促进家园社共育。

2. 为幼儿提供展示自我的平台，锻炼其胆量和表现力。

3. 整合幼儿园资源和社区资源，促使幼儿获得社会性发展。

活动准备：

1. 节目准备：教师组织幼儿排练丰富多彩的文艺节目，包括舞蹈、歌曲、童话剧、诗歌朗诵等。

2. 场地布置：提前与社区沟通，确定活动场地并进行布置。可以通过悬挂横幅、摆放气球等，营造欢乐的氛围。

3. 物质准备：准备音响设备、麦克风、道具、服装等演出所需物资。

4. 宣传工作：制作活动海报，在幼儿园和社区内张贴宣传。利用班级群、社区公告栏等渠道发布活动通知，邀请社区居民前来观看。

5. 记录准备：签到表、社区表演幼儿表征记录表（表2-24）等。

活动地点：社区广场。

活动流程：

1. 活动前期准备。

（1）社区与幼儿园共同协商，根据社区特点和幼儿园教育目标，确立活动主题；

（2）幼儿园结合活动主题和幼儿年龄特点，确立表演内容；

（3）社区负责场地规划布置、节目单设计、活动宣传；

（4）教师组织幼儿进行排练，幼儿园根据演出需要购置道具与服装。

2. 活动组织与实施。

（1）开场环节。

① 主持人开场，介绍活动目的、参与人员和活动流程。

② 幼儿园园长致辞，感谢社区的支持与配合。

（2）节目表演。

① 按照节目单依次进行节目表演。每个节目表演结束后，主持人可以进行简单的点评和互动。

② 在节目表演过程中，可以穿插一些游戏环节或抽奖环节，增加活动的趣味性和参与度。

（3）互动环节。

① 设计一些亲子互动游戏或社区居民与幼儿的互动活动，如猜谜语、接力比赛等。

② 邀请社区居民上台分享自己的感受和对幼儿的祝福。

（4）结束环节。

① 全体演员上台谢幕，主持人宣布活动结束。

② 播放退场音乐组织离场。

3. 活动资料归档。

（1）社区与幼儿园共同整理活动照片和视频资料，进行归档；

（2）分析活动效果并撰写活动报告；

（3）社区制作活动展示材料，并通过多种渠道进行宣传。

活动流程图（图 2-38）：

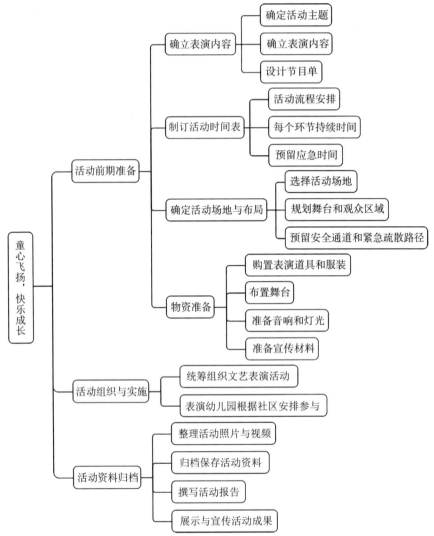

图 2-38　"童心飞扬，快乐成长——福怡苑幼儿园社区表演活动"流程图

■ **活动案例**

福怡苑幼儿园 "童心飞扬，快乐成长" 社区表演活动

×月×日，福怡苑幼儿园走进社区，为社区居民带来了一场精彩纷呈的表演。一次舞台，一次锻炼，一次成长。本次幼儿园和社区的联合演出，不仅加强了幼儿园和社区之间的交流，还为幼儿的社会性发展提供了更大

的舞台，对幼儿的勇气和自信也是一种历练。

准备：坚持不懈的我们

掌声背后凝聚着全体幼儿坚持不懈的努力。起初，有的小朋友连站一会儿都觉得累，有的小朋友在练习舞蹈动作的时候常常肢体不协调，但是大家都没有放弃，在互相鼓励中，逐渐跟上了节奏，才最终迎来了最精彩的绽放。

台前：闪闪发光的我们

小朋友们身着漂亮的演出服装，脸上洋溢着灿烂的笑容，精神饱满地登上舞台。他们用稚嫩的歌声、优美的舞蹈、生动的情景表演，充分展现了自己的才华。每个节目都经过精心的编排，观众也都纷纷鼓掌、欢呼，为小朋友们加油助威。主持人还会在节目间隙进行互动，提出一些关于幼儿园生活的问题。小朋友们踊跃回答，现场氛围十分热烈。

幕后：全力保障的我们

在幕后，老师们忙碌地穿梭着，为孩子们的表演做着最后的准备。例如，帮孩子们整理服装，检查道具是否齐全，轻声鼓励有些紧张的孩子。除此之外，家长志愿者、后勤老师、社区工作人员也都齐心协力，为孩子们的安全保驾护航。

表 2-24 社区表演幼儿表征记录表

社区表演幼儿表征记录表			
		我的姓名 （学号）	
		日期	
表演需要的服装、道具			

续表

闪亮的我们 			
我的心情		我对演出的评价	☆☆☆☆☆

（北京市朝阳区福怡苑幼儿园　蔡梦珵、宋峥、侯宇菲）

案例三：幼儿园社区行——爱满重阳，孝润童心

■ 活动方案

活动主题：幼儿园社区行——爱满重阳，孝润童心

活动目标：

1. 利用重阳节增进社区居民互动交流，充分发挥家园社共育资源，为幼儿营造温馨的生活氛围。

2. 让幼儿在生活中、实践中学习和传承中华优秀传统文化，培养尊老爱幼的品质，知道关爱长辈，感恩身边的人。

3. 在与爷爷奶奶互动中引导和鼓励幼儿大胆表达自己。

活动准备：

1. 物质准备

（1）宣传组：活动海报，张贴在幼儿园和社区显眼位置。

（2）材料组：手工材料、游戏材料、小椅子、梳子、茶具、水、音响设备、宣传横幅。

（3）礼物制作组：手工小礼物。

注：孩子们为老人精心准备节目，用稚嫩的声音和纯真的笑容表达对老人的尊敬与喜爱；制作小礼物送给社区老人，传递浓浓的温情与祝福；为老人捶背、梳头、敬茶，让老人在放松的同时与孩子们共度美好时光，增进彼此间的情感交流。

经验准备：

1. 为确保活动顺利进行，提前与社区进行深入的沟通与协商。

（1）提前踩点、设计方案，向社区介绍活动的目的、意义及初步方案。

（2）与社区商定好活动的时间、地点、设备提供内容等。

2. 对幼儿进行重阳节知识普及，使幼儿了解重阳节的由来、习俗和意义。

3. 幼儿进行前期排练等。

活动地点：社区广场。

活动流程：

1. 开场仪式。

（1）主持人向参加活动的老人致以节日的问候；

（2）简要介绍重阳节的来历、习俗和意义，激发幼儿的兴趣；

（3）向到场的家长和幼儿表示欢迎，强调活动的目的和意义。

2. 现场互动环节。

（1）亲子律动表演暖场；

（2）我和爷爷奶奶一起玩游戏：旱地钓鱼、蒙眼画脸、乒乓五子棋；

（3）我为爷爷奶奶做件事：捶背、梳头、敬茶；

（4）听爷爷奶奶讲故事；

（5）把爱的礼物送给爷爷奶奶：亲自制作小礼物，将礼物送给社区的爷爷奶奶。

3. 活动结束。

（1）主持人宣布活动结束；

（2）所有参与人员合影留念。

活动流程图（图2-39）：

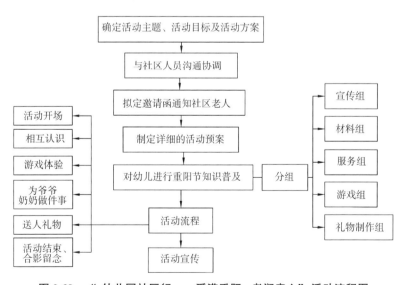

图2-39 "幼儿园社区行——爱满重阳，孝润童心"活动流程图

■ 活动案例

华洋紫竹幼儿园走进社区重阳节活动

幼儿园结合社区资源，以走进社区的形式邀请社区老人及家长共同参与"爱满重阳，孝润童心"活动，激发幼儿对长辈的尊敬和爱戴之情。幼儿满怀期待，积极展示活力与风采。

走进社区，接触社会

重阳节进社区活动为幼儿提供了一个接触社会、了解社会的机会。幼儿用歌声、舞蹈等形式展示自己；帮助爷爷奶奶捶背、梳头、敬茶等，和爷爷奶奶一起玩游戏（如旱地钓鱼、蒙眼画脸、乒乓五子棋）……他们纯真的爱与关怀赢得了老人们的阵阵掌声与欢笑，现场气氛温馨而热烈。这种亲身体验有助于培养幼儿尊重长辈、关爱身边人的社会品质，并且有助于培养幼儿的公民意识和责任感。

教育资源共享

走进社区开展重阳节活动，能够充分利用社区的教育资源，如公共场地、文化设施等，为幼儿提供更加丰富多样的教育体验。同时，每个家庭也根据特长选择了适宜的重阳节活动方式，如手工制作、才艺表演等。在教育资源共享的状态中，家长可以观察幼儿的活动情况，了解幼儿的需求和兴趣，从而更好地协助幼儿园进行家庭教育。

家园社合作，创有利环境

重阳节是开展家庭与社区活动的良好契机。幼儿园的相关活动得到社区工作人员及老人的肯定，不仅丰富了社区的文化生活，还促进了邻里之间的和谐共处，营造了尊老敬老的良好氛围。家园社三方借此机会加强了交流与合作，共同为孩子们的成长创造了更加有利的环境。未来，我们将继续秉承"家园共育、社区和谐"的理念，开展更多有意义的社区活动。

（北京市朝阳区华洋紫竹幼儿园　谢佳楠、张丽莹、马佳雯）

二、社区人员走进幼儿园

随着社会的进步和教育理念的更新，越来越多的家长和教育工作者意识到社区资源对于幼儿教育的重要性。那么，社区能为幼儿的发展提供哪些帮助呢？

社区作为幼儿生活的重要组成部分，其丰富的教育资源和多元的文化背景可以为幼儿提供广阔的学习空间和实践机会。无论是开展社区讲座与分享，还是深入社区进行实践活动，都会激发幼儿的学习兴趣。开展社区人员走进幼儿园的活动，不仅有助于增进社区与幼儿园之间的联系与沟通，增进社区与幼儿园的合作与交流，还能为幼儿带来丰富多样的学习体验，拓宽幼儿的视野，提升幼儿的社会适应能力。社区和幼儿园应共同为幼儿的成长和发展创造和谐、丰富的环境。

 ## 案例一：社区人员进幼儿园

■ **活动方案**

活动主题：消防员叔叔辛苦了——社区人员进幼儿园

活动目标：

1. 提升幼儿对社区服务人员职责的认知，增强幼儿的社区认同感与归属感。

2. 让幼儿通过互动体验，了解社区中消防员这一职业群体在日常生活中的重要作用，学会用自己的方式表达对他们的感谢。

3. 搭建社区工作者—家长—幼儿园三方互动平台，促进社区和幼儿园的协作与互动。

活动准备：

1. 与社区所在地的消防队联系，邀请他们参与活动并制订活动方案。

2. 布置活动场地，确保安全措施到位，设置展示区、互动区等。

3. 准备相关的教育材料和互动工具，如消防服、灭火器等，用于现场体验。

活动时间：

周五9:00至11:00。

活动地点：幼儿园户外活动区。

活动流程：

1. 开幕式。

（1）由幼儿园园长致欢迎词，介绍参与的社区人员及其职责；

（2）由消防员叔叔与幼儿打招呼，介绍本次活动内容；

2. 活动过程。

（1）亲身体验：孩子们分组体验消防模拟活动；

（2）互动交流：消防员与孩子们进行面对面的交流，分享他们的工作经验和故事，回答孩子们的提问；

（3）布置感恩主题互动墙：孩子们可以在心愿墙上绘制或写下对消防员的感谢与祝福。

3. 结束环节。

（1）教师或家长代表发言，感谢消防员的参与，鼓励孩子们在日常生活中积极关注和尊重消防员；

（2）留影纪念：活动参与者一起合影留念。

活动流程图（图2-40）：

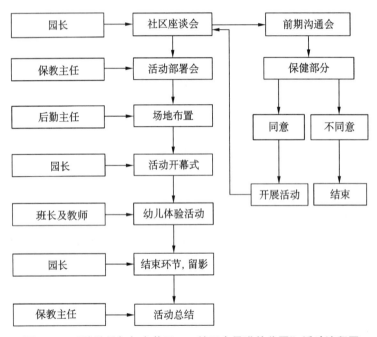

图 2-40　"消防员叔叔辛苦了——社区人员进幼儿园"活动流程图

■ **活动案例**

消防员叔叔辛苦了——社区人员进幼儿园

×月×日，幼儿园邀请消防员叔叔走进幼儿园。幼儿通过直接感知、亲身体验及实际操作积极与消防员叔叔互动，近距离感受消防员叔叔的勇敢和重要。

活动首先从消防员叔叔的介绍开始。他们身着消防服，头戴安全头盔，一步一步地在幼儿园操场上展示了消防车的各个部分：司机室、装备箱、水泵系统及车顶的抢救梯。孩子们被告知，消防车不仅是一辆车，更是一个移动的抢救中心，里面装配着各种设备，包括救生绳、强力剪、玻璃破碎器、通风设备及可以输送大量水或泡沫的消防炮等。

随后，消防员叔叔打开消防车的司机室，讲解了消防车的内部结构和仪表板的功能。孩子们看到了通信设备，学习到这是消防员之间相互联络的重要工具。他们甚至听到了消防车响亮的警笛声，感受到消防员叔叔紧急出动时的紧迫氛围。

接下来是最令孩子们激动的环节——消防员装备展示。消防员叔叔一一展示了消防服的穿着步骤，他们快速而熟练的动作让孩子们大开眼界。幼儿也尝试了穿戴头盔、手套，有的还抱起了消防水带。虽然沉重，但孩子们的脸上都洋溢着骄傲的笑容。

活动真正的亮点是消防演练。消防员叔叔详细讲解了火灾发生时的应对措施，并模拟了烟雾情况下的逃生路径。孩子们基本了解了如何使用消防毯和灭火器，如何在烟雾中匍匐前进，并在老师的指导下进行了一次紧急疏散演习。

活动的尾声，我们准备了一面心愿墙。孩子们用彩色笔在上面绘制了自己心中的英雄。有的画了消防车在火海中奋勇前行的景象，有的画了消防员在救援中的勇敢姿态。这面墙不仅代表着孩子们对消防员的敬意，也承载了他们对安全和生命的崇高敬畏。

此次"消防员叔叔辛苦了"活动给参与者留下了深刻的印象。孩子们在亲身体验中学到了宝贵的逃生技能与自我保护技能，更对消防员这个职业有了新的理解。幼儿园和消防队的合作不仅拉近了社区与孩子们的距离，也为孩子们的健康成长搭建了一个安全的平台。

（北京市朝阳区光华路幼儿园　李亚男、王雪）

 案例二："家园社联动·小小消防员"安全教育活动

■ **活动方案**

活动主题："小小消防员"——安全教育活动

活动目标：

1. 增强幼儿及其家长的消防安全意识。

2. 通过实际操作，教会幼儿基本的逃生和自救方法。

3. 促进家园社联动，使家园社共同为孩子的安全教育贡献力量。

活动准备：

1. 邀请社区消防人员来园举办讲座和演练。

2. 准备消防服、灭火毯、模拟灭火器、绿植（模拟起火点）、汽车轮胎（路障）等道具，活动记录表（表2-25）。

3. 划分活动区域，包括会议室（讲座区）、操场（演练区）。

4. 班级教师通知家长活动时间和流程，确保家长能够按时参加。

活动地点：会议室、操场。

活动流程：

1. 家长入园与签到。

（1）家长按照幼儿园通知的时间入园，进入会议室签到；

（2）社区消防人员以讲座的形式向家长和孩子普及消防知识。

2. 讲座结束后，社区消防人员协助幼儿园教师在户外场地进行亲子消防运动会（逐班依次开展）。

（1）社区消防站为幼儿提供消防服，家长辅助幼儿穿衣，5～6人为一组；

（2）穿好消防服之后，社区消防人员为幼儿展示如何披灭火毯。小朋友披着灭火毯，以弯腰姿势穿越模拟火线，抵达有模拟灭火器的位置，第一时间放下灭火毯，拿起模拟灭火器；

（3）幼儿在家长的带领下，拿着仿真灭火器跑至模拟起火点（绿植），姿势正确坚持十秒即为胜利。中间可以用汽车轮胎来设置路障，增加挑战难度，增加趣味性；

（4）比赛全程采用计时的方法，服装穿戴、灭火姿势、逃生方法均可计入最后总分数。

3. 社区消防人员与幼儿回顾逃生经验。

（1）通过火灾场景模拟，教幼儿火灾逃生应遵循的基本原则：尽量放低身体姿态，利用消防器材保护自己，快速逃离火场；

（2）强调消防安全知识的重要性，确保幼儿能正确掌握火场逃生方法。

4. 社区消防人员进行现场答疑，家长、幼儿可以根据本次活动进行提问。

活动流程图：（图2-41）：

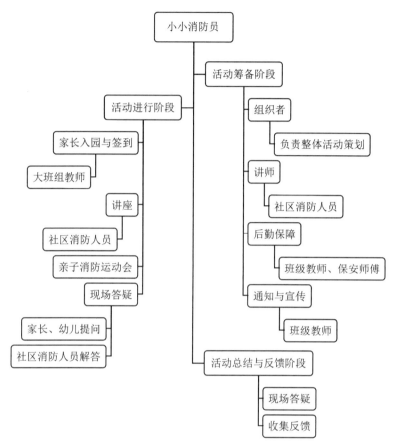

图2-41　"家园社联动·小小消防员——安全教育活动"流程图

■ **活动案例**

福怡苑幼儿园消防进校园活动

在一个阳光明媚的上午，福怡苑幼儿园热闹非凡，一场别开生面的"小小消防员"活动在这里拉开帷幕。此次活动由幼儿园、家庭与社区三方联动，旨在提升幼儿及家长的消防安全意识，增强幼儿及家长的自我保护能力。

活动当天，家长们按通知时间提前入园，签到后有序进入会议室。然后，社区消防人员为家长们带来了一场精彩的消防知识讲座。

讲座结束后，亲子消防运动会正式开始。在穿消防服的环节中，社区消防站为小朋友提供了消防服。孩子们穿上沉重的消防服，体验消防员的辛苦与不易。披灭火毯逃生和使用灭火器环节，让孩子们兴奋不已。活动过程中，孩子们增加了消防安全知识，并学会了如何在紧急情况下保护自己。

关于本次活动，我们总结出以下两方面的经验。

（1）教师分工。

活动的成功，得益于福怡苑幼儿园教师的精心策划与分工。其中，活动策划组确保活动流程顺畅；讲座协助组负责讲座区域的布置与管理，并协助授课；演练指导组负责指导家长和幼儿进行消防演练，确保活动安全；后勤保障组则全力保障活动所需物资，并妥善处理突发情况。

（2）特色亮点。

三方联动：此次活动由幼儿园、家庭与社区三方紧密合作，共同为孩子们的安全教育贡献力量。这种联动模式不仅增强了活动的实效性，还促进了家园双方的沟通与理解。

实践操作：孩子们通过穿消防服、披灭火毯逃生、使用灭火器等，亲身体验消防活动，从而加深对消防安全的理解。这种实践操作的方式让孩子们在玩乐中学习，效果显著。

亲子互动：活动中，家长积极参与，与孩子一起完成各项任务。亲子互动不仅能增强家长与孩子的感情，还能促使孩子勇敢面对挑战。通过此次活动，家长不仅深入了解了幼儿园的教育理念和方式，也变得更加支持幼儿园的工作。同时，幼儿园更准确地掌握了家长的需求和期望，为未来工作提供了参考。

未来，福怡苑幼儿园将继续加强与家庭和社区的合作，共同为孩子们的成长保驾护航。同时，我们也将不断总结经验，创新活动形式，为孩子们提供更加丰富多彩、寓教于乐的安全教育活动。

表 2-25　家长与幼儿共成长——家长观察集体活动记录表

尊敬的家长：

您好！感谢您参与福怡苑幼儿园举办的"小小消防员"活动。为了不断提升活动质量，更好地服务于您和您的孩子，我们特此开展满意度调查。请您花费几分钟时间，根据您的真实感受填写以下问卷。您的意见对我们至关重要，将帮助我们不断改进和进步。

1. 您对此次社区消防站进幼儿园联动活动的满意度如何？（　　　）

A. 非常满意

B. 满意

C. 一般

D. 不满意

2. 您认为此次活动的实用性如何？（　　　）

A. 非常实用

B. 实用

C. 一般

D. 不实用

3. 结合对社区教育资源的了解，您认为以下哪些社区教育资源可与幼儿园联动开展活动？（　　　）

A. 社区公园

B. 社区图书馆

C. 社区超市

D. 社区诊所

E. 其他＿＿＿＿＿＿＿（请注明）

4. 在社区入园活动中，家长参与可以为幼儿园提供哪些协同育人的支持？

5. 您认为本次社区入园活动对社区资源的运用是否充分？您有哪些建议或意见？

（北京市朝阳区福怡苑幼儿园　韩静、刘霞、张莹）

 案例三：社区人员进校园　爱心捐赠暖西部

■ **活动方案**

活动主题：社区人员进校园　爱心捐赠暖西部

活动目标：

1. 鼓励幼儿向西部地区的幼儿园捐赠物资，传递爱心与关怀，表达对西部地区儿童的关爱和支持。

2. 动员幼儿积极参与公益活动，提升幼儿作为社区成员的社会责任感和集体荣誉感。

活动准备：

1. 物资筹集：根据西部地区幼儿园的实际需求，收集书籍、文具、玩具、衣物等物品。

2. 宣传动员：通过社区公告、幼儿园公众号等渠道，广泛宣传活动意义，吸引更多幼儿及社区家庭参与捐赠。

3. 物流安排：联系可靠的物流公司或慈善机构，确保捐赠物资安全、高效地送达目的地。

4. 志愿者招募：组织社区家长志愿者团队，负责物资整理、打包及现场协助工作。

5. 沟通协调：与接收方（西部地区幼儿园或相关慈善机构）提前沟通，确认捐赠细节，确保活动顺利进行。

活动地点：各班教室、幼儿园操场。

活动流程：

1. 启动仪式：介绍活动背景、目的，感谢幼儿及社区居民的慷慨解囊。

2. 捐赠仪式：教师捐赠、幼儿捐赠。社区家长志愿者将打包好的物资移交给物流公司或直接寄送至接收方，进行捐赠交接。

3. 互动环节：邀请西部地区幼儿园的师生通过视频连线参与，分享学习生活情况，增进双方情感交流。

4. 感恩回馈：播放受助儿童的感谢视频或信件，让参与者感受到爱心的力量。

5. 总结展望：回顾活动亮点，鼓励幼儿和社区居民持续关注和支持西部教育事业，宣布后续跟进计划。

活动流程图（图 2-42）：

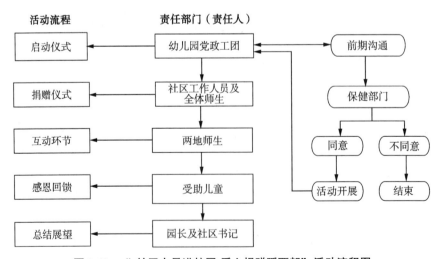

图 2-42 "社区人员进校园 爱心捐赠暖西部"活动流程图

■ **活动方案**

社区人员进校园　爱心捐赠暖西部

乐善好施、扶贫帮困是中华民族的传统美德，也是社会倡导的时代新风。爱心是社会中对他人的关注和关爱，是人与人之间互助合作的基础。为了帮助孩子们学习关心他人、分享爱心，幼儿园党政工团与秀园社区共同举办了"让爱心流动起来"爱心捐赠活动。社区工作人员深入幼儿园，与党政工团协同开展爱心捐赠活动，希望增加幼儿对公益的认识，培养幼儿的社会责任感，助力幼儿健康成长。

［阐］活动主旨

社区工作人员进入幼儿园，引导教师和幼儿感知爱、传递爱。捐赠前，教师通过播放西部山区儿童的视频开展宣导，展现他们物资匮乏的现状，激发幼儿的帮扶之心。要让幼儿懂得，在这个纷繁复杂的世界里，爱无处不在。我们需要有一颗感恩的心，用一份真挚的情感去传递爱。

［学］爱心捐赠

教师进行大力宣传，提出可以捐赠闲置的玩具、书籍、文具或衣服。幼儿园的园长和教师率先垂范，从自己家带来干净的书籍、玩具、文具及衣物进行捐赠。第二天，孩子们和家长准备了大包小包的捐赠物资，送到幼儿园。孩子们在社区工作人员及家长志愿者的协助下，很快地对物品进行分类、打包、寄送。在这个过程中，孩子们看到了"师者大爱"，同时也付诸行动，懂得了什么是爱，懂得怎样去爱。孩子由此收获了成长，收获了责任。老师们通过爱心捐赠，将爱心种子播撒在孩子们心中，让爱成为他们内心深处永恒的阳光。

［享］成长快乐

捐赠结束后进行分享，鼓励幼儿说出自己的感受，引导幼儿与同伴积极互动，给予同伴建议和支持。

分享中，小班的幼儿捐赠最多的是玩具，他们在这个过程中体验到了分享的快乐。教师通过和幼儿的互动，不断引导幼儿深入思考，支持幼儿经验的不断积累。中班的幼儿捐赠最多的是书籍。大班的幼儿捐赠最多的是文具和衣物。通过将闲置物品捐赠给更需要的人，幼儿感受到可以用自己的小手温暖更多的人。

总之，这样的活动设计不仅能够有效地帮助需要帮助的孩子，同时能够加强社区内部的团结和互助精神，从而为社会的和谐发展贡献力量。

（北京市朝阳区秀园幼儿园　王佩璟、张楠、汤睿）

三、幼儿园、家园、社区三方协同（社区活动）

　　家庭、幼儿园、社区各自拥有独特的教育资源和优势。社区中丰富的教育资源如公共设施、文化活动、志愿者服务、图书馆……在协同模式中，资源得到有效地整合和共享，形成教育合力，提升幼儿的教育质量，推动社会教育资源的整体优化和配置。为了给幼儿的成长提供更多的支持和帮助，幼儿园与社区建立联系，将其资源融入幼儿的活动中。通过前期的精心策划、家长的调研及幼儿需求分析，幼儿园鼓励家长和社区成员贡献专业知识和技能，共同参与到幼儿园的教育活动中。

　　活动后，对家长和社区成员进行调研，并建立教育资源库。家长、幼儿园、社区共同商讨教育策略与方法，确保教育目标的一致性和连续性，并根据幼儿在教育过程中的表现和反馈及时调整，三方在协同模式下，各司其职、各尽其责，形成教育合力，提升和优化教育效果。

 案例一：社区超市购物记

■ 活动方案

活动主题：家园社协同育人，培养幼儿实践能力

活动目标：

1. 幼儿通过直接感知的方式了解社区生活，初步学习简单的生活技能。

2. 幼儿能体会参与社区活动的快乐，愿意参与社区活动。

3. 提高家长参与幼儿园活动的积极性，促进家园共育工作。

活动准备：

1. 幼儿园管理团队与社区居委会共同制订活动计划，社区居委会负责联系活动场地。

2. 提前通知家长时间、地点、流程及相关注意事项。

3. 班长对幼儿进行活动前安全教育。

4. 班长征集家长志愿者（每班2人），协助做好安全保障工作。

5. 幼儿园后勤部门准备活动所需材料。

活动地点：社区附近的大型场所。

活动流程:

1. 活动开始前,教师与家长志愿者组织幼儿在指定地点集合,核对人数并分发材料。

2. 活动主要负责人向全体参与者介绍活动流程与规则。

3. 教师及家长志愿者陪同幼儿有序进入活动场所。

4. 活动过程中,活动负责人、教师和家长志愿者为幼儿提供支持与帮助。

5. 总结分享环节,组织幼儿分享自己的活动感受与收获。

6. 明确具体合影地点,组织各班合影留念。

7. 结束活动后,组织幼儿有序返园。

8. 由负责宣传的部门撰写宣传稿,制作宣传视频。

备注:强化幼儿安全教育,活动过程中组织幼儿有序排队,教师和家长明确分工站位,确保全体人员安全返园。

活动流程图(图2-43):

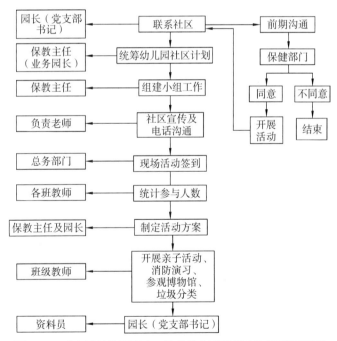

图2-43 "家园社协同育人,培养幼儿实践能力"活动流程图

■ **活动案例**

"社区超市购物记"：光华路幼儿园家园社协同活动

在社区与幼儿园合作下，光华路幼儿园举办了一场"社区超市购物记"活动。幼儿在活动中通过亲身体验、实际操作，开展超市购物活动，在认识蔬菜水果的同时也借助购物单培养了幼儿的任务意识及社交能力，学习了购物技能。

[阐] 活动主旨

幼儿通过此次活动能初步认识蔬菜水果，掌握简单的购物技能。幼儿能在购物过程中敢于与他人沟通交流，培养社交能力。借助社区资源为幼儿提供机会体验购物的乐趣。

[布] 多方准备

1. 提前选好超市，了解超市布局。2. 向幼儿进行安全教育，在超市中有序购物、不争不抢。3. 帮助家长志愿者明确自身任务。4. 准备符合幼儿实际需求的购物清单（每人不超过 5 种）。5. 为幼儿每人配备一个购物篮。

[观] 活动实录

一周前，幼儿园向家长发放了"社区超市购物"活动通知，每班推选了两名家长志愿者。活动当天上午 9 点，各班级幼儿、教师及家长志愿者有序排队到社区超市门口，兴奋地等待购物活动开始。

首先，活动负责人向大家介绍了超市布局、活动内容及规则，班长和家长志愿者发给每位幼儿一张购物清单和一个购物篮。购物清单上列出常见的蔬菜水果，幼儿需要根据清单内容在超市对应区域中找到物美价廉的商品放入购物篮。

活动中，幼儿像购物小达人一般，一边挽着购物篮，一边在超市中认真寻找着。他们仔细观察着货架上的各种蔬菜水果，在教师提示下认真比较价格和品质，遇到问题时教师会鼓励幼儿自己想办法解决，必要时会给予幼儿支持与帮助，同时也鼓励幼儿主动礼貌大胆地与超市店员交流互动，比如：有的幼儿拿着一个青椒找店员询问："阿姨，请问青椒在哪里称重呢？"有的幼儿找不到物品价格标签也会询问店员："阿姨，请问这个多少钱？"在挑选物品过程中，幼儿互相交流，分享彼此的发现和喜好。有的幼儿喜欢红苹果的鲜艳颜色，有的则对茄子的形状好奇不已，互相比较购物清单，看看谁能先找到所有的物品……

最后，每位幼儿都找到了购物清单上的所有物品，纷纷到收银台排队结账。在这个过程中，幼儿能够耐心等待，并认清自己购买的物品而不与别人的混淆。

[享] 实践之趣

在本次超市购物活动中，幼儿不仅认识了各种蔬菜水果，学会了购物技能，社交能力也得到了提高。同时也感受到了购物的乐趣，获得了成就感，为今后的生活积累了宝贵的经验。

活动结束后幼儿园制作了宣传片在社区电子宣传栏上播放，受到了家长及社会的一致好评。家长们觉得幼儿园非常用心，认为这样的活动既有助于幼儿发展，又能增进社区的凝聚力，希望能举办更多类似的活动，丰富幼儿生活体验，最终促进幼儿的发展。

（北京市朝阳区光华路幼儿园 哈雨薇、张旗）

 案例二：探索自然之美，共赏飞鸟之趣

■ **活动方案**

活动主题： 羽动童心，自然相伴——家园社联合幼儿园观鸟活动

活动目标：

1. 通过家园社三方联动激发幼儿对大自然的好奇心和探索欲，让幼儿在观鸟活动中感受大自然的奇妙，对周围的自然环境产生浓厚兴趣。

2. 通过活动深化家长对幼儿园教育理念与方法的认知，提升家长对幼儿教育的参与度，积极参与到孩子的教育过程中。

3. 利用社区资源为幼儿教育服务，展现社区的教育功能和凝聚力，为幼儿园活动提供丰富的自然环境资源。

活动准备：

1. 社区负责人联系活动场地，确定观鸟路线图，确保场地安全且适合观鸟。

2. 邀请专业的鸟类专家或爱好者作为指导老师。

3. 准备观鸟所需的设备，如望远镜、鸟类图鉴等，可由幼儿园或社区提供一部分，也可鼓励参与者自带。

4. 制作活动宣传海报和宣传单，在幼儿园、社区内进行宣传。

5. 准备急救药品和其他必要的物资，另外还需准备观鸟记录表（表2-26）等。

活动地点： 社区附近的自然公园或湿地保护区

活动流程：

1. 各班集合及活动说明

（1）各班集合，教师清点本班幼儿及家长人数，介绍鸟类研究专家并说明活动注意事项；

（2）强调遵守活动场地的规定，不破坏自然环境，听从专家和志愿者的指导；

（3）提醒保持安静，避免大声喧哗惊扰鸟类，保持环境整洁，不得擅自离队。

2. 按预设路线实地观鸟并配合实地情况进行讲解

（1）在鸟类活动频繁的清晨和傍晚，在树林、河流、湖泊等不同生态环境区域内进行观鸟；

（2）教师组织幼儿与家长，将其分成小组，在专家和志愿者的带领下，前往观鸟区域；

（3）专家指导亲子正确使用望远镜观察鸟类，通过羽毛颜色、鸣叫声等特征辨识种类，并引导幼儿用符号记录观察结果；

（4）社区志愿者协助维持观鸟过程中的秩序，引导家长看护好幼儿注意安全，特别是在靠近水域和崎岖地形的地方。

3. 集中交流与休息

（1）专家邀请幼儿分享在观鸟途中和父母的观察与发现；

（2）鼓励幼儿与家长进行观鸟博物知识的回顾与小结，布置亲子观鸟延伸任务。

4. 亲子自由观鸟

（1）教师讲解亲子观鸟路线并提示观鸟注意事项；

（2）教师组织家长定时集合，统一带领幼儿返园。

5. 观鸟活动结束安全返程与分享

（1）教师与幼儿回幼儿园，开展半日观鸟活动的总结与分享；

（2）活动结束后按日常流程安排幼儿餐点与午睡。

活动流程图（图2-44）：

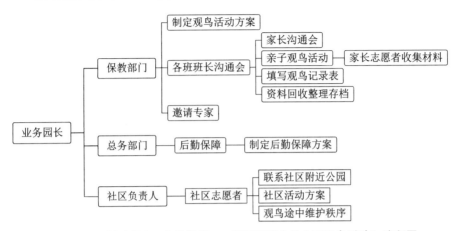

图2-44 "羽动童心，自然相伴——家园社联合幼儿园观鸟活动"流程图

■ **活动案例**

羽动童心，自然相伴——家园社联合幼儿园观鸟活动

为了增进幼儿对自然的了解和热爱，提高环保意识，×月×日，幼儿园联合家庭与社区共同组织观鸟活动，同时邀请鸟类研究专家，共同走进社区周边的公园进行讲解，加强家园社之间的合作与交流。

前期准备：充分挖掘社区资源

本次活动由社区工作人员提前与周边的公园联系后确定了适合观鸟的地点与路线，并设置了一些简单的指示牌。结合鸟类研究专家的指导，我们选择了清晨（鸟儿活跃的时段）进行观鸟。此时环境相对安静且光线较为柔和，更适宜观察到鸟儿的各种行为，如飞翔、觅食、鸣叫等。

幼儿园、家庭、社区三方联动共同观鸟

参与人员抵达公园集合完成签到后，向参与人员简要说明接下来的活动流程，介绍鸟类研究专家，公示本次活动目的和总体要求，提出倡议：遵守活动场地的规定，不破坏自然环境，听从专家和志愿者的指导，避免大声喧哗惊扰鸟类，保持环境整洁，不要擅自离队。

幼儿与家长自行分组后，按预设路线进行实地观鸟活动，其中本次活动预设的观鸟路线是从湖边出发观察游禽，然后走湖中小路观察游禽和鸣禽，接着来到公园树林边观察攀禽、鸣禽和陆禽等多种鸟类。幼儿与家长在专家的带领下学习正确使用望远镜后，可以充分寻找、观察、对比不同类型的鸟类，专家现场解答问题，并讲解鸟类的名称、生活习性和保护野生动物的意义。

分享交流与休息

专家邀请小朋友分享在观鸟途中和爸爸妈妈的发现，进行观鸟博物知识的回顾与小结。接下来，教师为亲子自由观鸟活动布置了小任务：请亲子寻找活动中讨论过但并未被观察到的鸟类，在亲子自由观鸟活动中去继续寻找与发现。最后，在指定的时间内集合并返回幼儿园。

同伴间经验分享与交流

教师带领幼儿回到幼儿园里后，组织班级幼儿对上午观鸟活动的感受进行分享。例如：你和鸟类研究专家一起观鸟时你听到了什么？最喜欢什么鸟呢？你认识了几种鸟呢？和爸爸一起观鸟时你们发现了什么？这些鸟都生活在什么地方呢？

教师通过追问引导幼儿回顾观鸟过程，通过多种方式支持与鼓励幼儿用自己喜欢的方式记录下来。

表2-26 羽动童心 自然相伴——幼儿观鸟记录表

班级＿＿＿＿＿＿＿＿ 记录人＿＿＿＿＿＿＿＿

观测时间		观测地点	
观测天气		观测温度	
我最喜欢的鸟	（画一画我喜欢的小鸟）		
今天我认识了几种鸟？	（用数字或用符号写出来）		
这些鸟生活在什么地方？	（画出来它们生活的地方）		
我想对小鸟说……	（用我喜欢的方式表达出来）		
我今天心情……	（用我喜欢的方式表达出来）		
我在社区里见到过的鸟	（画一画我在社区见过的鸟）		
下次我还想参观社区里的……	（用我喜欢的方式表达出来）		

（北京市朝阳区福怡苑幼儿园 郭春妍、肖微、褚君）

 案例三：家校社三方协同义卖活动——爱心传递 公益"童"行

■ **活动方案**

活动主题：家园社三方协同义卖活动——爱心传递 公益"童"行

活动目标：

1. 增强幼儿、家长与社区之间的联系与互动。

2. 通过义卖活动培养幼儿筹集善款的意识，引导幼儿帮助他人，增强社会责任感。

3. 让家长沉浸式参与义卖活动，理解活动对幼儿成长的价值。

4. 鼓励幼儿大胆介绍商品，充分利用社区资源实现幼儿全面发展。

活动准备：根据参与家庭数量，规划好摊位布局；准备义卖活动横幅、幼儿提前画好的海报；幼儿与家长共同准备二手玩具、图书、手工艺品等（确保物品干净完好），以及家庭摊位海报、价格标签、零钱包、野餐垫（布）、家校园三方协同义卖活动幼儿访谈提纲（表2-27）、家长访谈提纲（表2-28）等。

活动地点：×××社区中心广场。

活动流程：

1. 开幕式：介绍活动目的及流程。

（1）主持人介绍本次活动的目的、意义和价值；

（2）简要说明义卖的流程。

2. 义卖活动。

（1）各家庭在自己的摊位上开始义卖；

（2）教师、家长鼓励孩子大胆介绍、推销自己的商品并主动进行价钱运算和找零；

（3）引导幼儿能够专注于义卖活动；

（4）引导幼儿能够积极解决在买卖过程中发生的问题。

3. 爱心捐赠。鼓励买家在购物的同时，进行小额捐赠。

4. 闭幕式。总结活动，对摊位、买家进行表扬，强调爱心传递的意义。

5. 活动结束。活动结束后，教师、社工及家长志愿者清理场地，帮助幼儿整理剩余物资。

6. 后续工作。

（1）善款金额公示，活动结束后，公布义卖及捐赠所得善款，将善款捐赠给相关机构；

（2）收集反馈，通过面谈、微信等方式收集家长、幼儿、社区居民的反馈，为下次活动提供参考和改进方向。

■ **活动案例**

福怡苑幼儿园家园社协同义卖活动

×月×日，幼儿园携手家庭、社区，开展了"爱心传递　公益'童'行"的义卖活动。在活动中，幼儿、家长、社区居民沉浸式参与体验义卖活动，这不仅仅是一次简单的买卖，更是一次爱心传递。参与公益的过程也是学习与成长的过程，家园社三方携手，帮助幼儿关心他人，培养幼儿同理心与责任感，感受帮助他人的喜悦。这种善良的品格将成为幼儿成长过程中的宝贵财富。

充分挖掘教育资源，促进幼儿全面发展

从活动成果来看，本次义卖活动，幼儿园充分挖掘周边教育资源，幼儿在活动前期绘制活动海报，走进社区张贴、发放义卖活动海报；在买卖过程中介绍商品、计算价格……通过活动提升了幼儿的社会交往能力、语言表达能力、数运算等能力，为幼儿提供展示自我和探索世界的平台，同时也体验了赚钱和捐赠的意义，增强社会责任感，体验帮助他人的快乐。

丰富亲子交往渠道，提升家长参与意识

家长与幼儿一起准备义卖物品，制作摊位宣传海报，在幼儿园的支持下走进社区，在活动中家长可以更加直接地观察幼儿的学习与交往方式，增进家长育儿知识，提升育儿技能，促进家长与孩子之间的情感交流，提升家长的责任感和参与意识，从而帮助家长更好地理解和支持孩子的成长。

社区家庭协同合作，增强社区凝聚力

本次家园社义卖活动的开展，增强了社区凝聚力，丰富了社区文化，促进了社区与家庭的互动合作，为社区儿童提供健康成长的环境，同时能够筹集善款，帮助社会上更多需要帮助的人。

幼儿园社区亲子义卖活动是一个多赢的教育实践，它不仅促进了社区、幼儿园、教师、幼儿和家长之间的互动与合作，还为幼儿的全面发展和健康成长提供了有力支持。

表 2-27　家校社三方协同义卖活动幼儿访谈提纲

记录人＿＿＿＿＿＿

访谈时间		访谈对象	
在今天的义卖活动中，你卖了多少钱？			
在义卖时你遇到什么困难了？是怎么解决的？			
下次别的班小朋友也参加义卖活动，你想分享给他什么好的经验？			

表 2-28　家校社三方协同义卖活动家长访谈提纲

记录人_____

访谈时间		访谈对象	
在今天的义卖活动中，您看到了孩子哪些闪光点？			
您认为在义卖活动中，孩子在哪些方面得到了锻炼？			
在接下来的家庭生活中，您觉得还可以开展哪些活动支持幼儿发展？			

（北京市朝阳区福怡苑幼儿园　田璐、安琪、张祎璠）

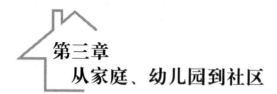

第三章
从家庭、幼儿园到社区

 话题 1：如何调动家长参与幼儿园活动的积极性？

在幼儿教育中，家长的参与是不可或缺的重要一环。我国《家庭教育促进法》强调了家长作为孩子第一任教育者角色的重要性与转变，《教育法》也明确要求家长积极参与幼儿园活动。目前，尽管在幼儿园的积极组织下，已有部分家长能主动参与幼儿园活动，但家长参与度整体不高的现象依然存在。那么，该如何有效调动家长参与幼儿园活动的积极性？针对这一问题，我们提出以下策略：

1. 教师做有心人，深入挖掘家园活动切入点

幼儿园活动包罗万象，涉及各个领域，需要整合多种教育资源。我们可将家长资源按照背景、特长、工作便利等维度进行分类，建立家长资源库。当幼儿园开展活动的时候，我们就在家长资源库中检索，邀请相关的家长协助我们开展活动，这不仅为我们的工作提供了便利，也使我们的活动质量得到了提升。如在进行"我们的奥运"主题活动时，我们在家长资源库中找到了一位当体育教师的爸爸，邀请他参与到我们的活动当中。因为"专业对口"，这位爸爸非常乐意参与孩子们的活动，他凭借自身的专业知识，图文并茂地向孩子们介绍了奥运会的起源与发展，带孩子们进行"火炬传递"游戏，并向孩子们展示了他高超的篮球、足球技能，把主题活动推向了高潮。

建立家长资源库的最大好处，在于能够有针对性地邀请家长参与活动，充分利用家长的工作背景和特长。这既为家长提供了在幼儿面前展示自我的平台，也满足了幼儿园多种活动的需要。正因如此，家长们非常乐意参加这类"专业对口"的幼儿园活动。

2. 以多种活动为契机，吸引家长主动参与

以往的家长开放日形式较为单一，大多是展示教师的公开教学，家长处于被动观看状态。我们针对这种情况，大胆创新开放日活动形式。如我们将幼儿的学习、生活内容穿插在各种互动游戏当中，邀请家长与孩子们共同体验操作；将节庆活动与开放日相结合，组织家长一起来包饺子、包粽子、煮汤圆，充分发挥家长们的动手特长。

同时，搭建"家园沟通桥"。开展线下"班级座谈会"，提前发布座谈主题，邀请家长围绕幼儿成长准备相关问题与见解，营造积极互动的氛围。通过圆桌讨论形式，确保每位家长都能近距离与教师交流，感受被重视。建立线上"共育互动平台"，利用微信群、班级小管家等工具，构建便捷透明的沟通渠道。定期推送幼儿日常照片并配以温馨说明，让家长感受到孩子成长的每一刻。要每日精选幼儿在园精彩瞬间，配以简短说明上传至平台，方便家长随时浏览。同时确保重要通知、活动安排及特色活动分享的及时发布，定期推荐育儿书籍、文章，引导家长参与讨论，分享学习心得，形成家园共育的良好氛围，共同促进幼儿全面发展。

3. 巧发挥家委会先锋作用，以家长带动家长

为深化家园共育，可充分发挥家委会的作用。以班级教师和家委会为核心，在班级群中开展讲故事活动，班级教师通过引导幼儿点赞等方式进行激励，带动其他家长积极参与，搭建起家长与孩子间情感交流与共同成长的桥梁。

调动家长参与幼儿园活动积极性的核心目标是助力幼儿成长，真正实现有效家园共育。在开展活动时，我们也需要注意：第一，认识到每个家庭的独特性，幼儿园活动设计需灵活多样，尊重并鼓励家长根据自身条件参与。第二，避免单一模式，建立良好的反馈机制，及时听取家长声音，优化活动。同时，关注家长的参与体验，及时解答疑惑，增强互动感。

调动家长积极性是一项长期任务，需要幼儿园、家长和教师三方共同努力。面对挑战应保持耐心，不断探索适合的方法，持之以恒。通过明确目的、精心设计活动、加强沟通、展示成果，以及尊重个体差异、强化反馈、注重引导和保持耐心等措施，有效激发家长的参与热情，共同为幼儿的健康成长和全面发展贡献力量。

（北京市朝阳区秀园幼儿园　谢静、尹婕、李逸然）

（北京教育学院　范姝琛）

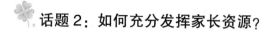

话题2：如何充分发挥家长资源？

家长不仅是幼儿教育的重要资源，更是幼儿园教师的重要合作伙伴。充分开发与利用家长资源，有利于建立良好的家园关系，促进家园协同育人。为发挥好家长资源，我们可以从以下几个方面入手。

一、建立家长资源信息库

建议每年9月，由幼儿园统一安排，各班教师在幼儿入园前，通过向家长发放《家长资源调查表》（表3-1）对本班家长进行调查，随后将家长资源分类整理，形成家长资源电子文档，方便教师按需检索。

二、开展形式多样的家长助教活动

1. 利用好家长的职业资源

家长来自各行各业，是幼儿园宝贵的教育资源，我们要充分挖掘和利用，鼓励家长运用专业资源为幼儿园或班级服务。例如，大一班阳阳妈妈是一名护士，疫情期间，邀请她入园开展"戴口罩的好方法"活动，让孩子们了解戴口罩的重要性及正确佩戴，学会保护自己。

2. 运用好家长的特长资源

家长们的爱好和特长，同样是幼儿园和班级开展活动的资源。例如，中一班畅畅家长擅长烘焙，班级教师结合"美食"主题活动，邀请畅畅妈妈开展了一节"美食小课堂"活动，向小朋友们介绍了面包的制作原理，展示了完整的烘焙过程，孩子们纷纷赞叹畅畅妈妈的"手艺"，称其像魔术师一样可以"变"出各种美食。

3. 发挥好家长的育儿资源

家长有很多好方法和经验，通过工作坊、主题座谈会及家长社团等活动，搭建育儿经验共享平台，同时也能充分发挥家长优势。以"面对挑食的孩子怎么办？""孩子做事拖拉怎么办？"等主题开展座谈活动，家长们相互解答育儿困惑、交流育儿心得，这也是培养家长教育能力的一种途径。通过"以家长育家长"的方式，带动全体家长参与交流和讨论，在相互启发中取长补短，增强家园互信，密切家长关系，提升家长的育儿幸福感。

三、用好家长提供的物质资源

幼儿园开展各类活动、布置环境等，需要很多的低结构和辅助材料。例如，建构类活动需要搜集纸盒、瓶罐、线绳等；自然角需要植物、动物等；还有结合主题活动幼儿参观的场地等。家长们积极支持并准备参与幼儿园活动所需要的材料，有助于提升活动效果和教育质量。

四、丰富家园沟通方式

随着社会的发展，除了常规的家园沟通方法之外，我们可以利用的信息技术手段越来越多。例如，幼儿园或班级可以通过美篇、公众号、幼儿园网站等各种平台宣传幼儿园活动，也可以在公众号或网站中开辟"家长园地""家长论坛""共见成长"等板块，供家长咨询问题、发表观点、提出建议，实现家园互动。幼儿园通过多元沟通渠道深入调研家长需求，吸纳合理建议，构建家园双向协同机制。

五、及时肯定家长工作

幼儿园应对积极配合和支持幼儿园工作的家长及时给予肯定和表扬，通过精神鼓励让家长感受到自己的努力被认可。通过口头表扬、活动成果展示、感谢信、正式表彰等形式，对家长做出的工作给予反馈和肯定。在每学期末或学期初，对家长参与幼儿园活动进行统计（表3-2），对参加活动的家长进行表彰，进一步激发家长为幼儿园和班级贡献力量的热情。

表 3-1 家长资源调查表

尊敬的家长您好！

您不仅是幼儿教育的重要资源，更是幼儿园教师的重要合作伙伴，我们非常愿意与您进行深层次的交流与合作，形成家园合力，共促幼儿发展，为了更好地沟通和交流，请您认真填写下表。谢谢！

幼儿信息						
班级		幼儿姓名		幼儿性别		年龄	
父亲信息						
姓名		年龄		职业		学历	

续表

专长		兴趣、爱好		您的空余时间		您可以为幼儿园或班级提供的教育资源	
母亲信息							
姓名		年龄		职业		学历	
专长		兴趣、爱好		您的空余时间		您可以为幼儿园或班级提供的教育资源	
您可以参加活动或提供资源							
1. 您和家人是否愿意参加幼儿园活动？是（　），否（　）							
2. 您家中能够参加幼儿园活动的人选有？父亲（　），母亲（　），爷爷（　），奶奶（　），姥姥（　），姥爷（　）							
3. 您和家人什么时候方便参加幼儿园活动？听教师安排（　），上午（　），下午（　），班级外出活动时（　），幼儿园大型活动（　）							

表 3-2　家长参与幼儿园活动统计

尊敬的家长您好！

　　您不仅是幼儿教育的重要资源，更是幼儿园教师的重要合作伙伴，我们非常愿意与您进行深层次的交流与合作，形成家园合力，共促幼儿发展，为了更好地沟通和交流，请您认真填写下表。谢谢！

期号	班级	参加人	内容	活动时间
第一期	小一班	××幼儿爸爸	高尔夫小课堂	×年×月×日
第二期	小一班	××幼儿爸爸	有趣的保龄球	×年×月×日
第三期	中二班	××幼儿爸爸	走进单板滑雪	×年×月×日
第四期	中一班	××幼儿妈妈	怎样交朋友	×年×月×日
第五期	大二班	××幼儿爸爸	北海的故事	×年×月×日
第六期	小二班	××幼儿妈妈	美食小课堂	×年×月×日
第七期	中二班	××幼儿妈妈	德国小课堂	×年×月×日
第八期	中二班	××幼儿妈妈	情绪管理故事分享	×年×月×日
第九期	中一班	××幼儿爸爸	交通安全小课堂	×年×月×日
第十期	大一班	××幼儿爸爸	小乌龟的秘密	×年×月×日
……	……	……	……	……

（北京市朝阳区光华路幼儿园　彭雪洁、郭娜、张征）

话题 3：幼儿园如何建立家长学校？

现代化的教育不应各自为政，而是要增强协同育人共识，积极构建学校、家庭、社会协同育人新格局。幼儿园教育的对象是 3~6 岁的幼儿，此阶段幼儿身心发育并不成熟，生活经验少，幼儿园教育作为基础教育，对于幼儿身心健康发展具有重要的奠基作用。在《幼儿园保育教育质量评估指南》明确指出："幼儿园通过家长会、家长开放日等多种途径，向家长宣传科学育儿理念和知识，为家长提供分享交流育儿经验的机会，帮助家长解决育儿困惑。"在幼儿园建立家长学校，是与家长建立平等互信关系、引导家长积极参与并支持幼儿园工作、实现家园教育观念统一、践行《幼儿园保育教育质量评估指南》的有效途径。那么，幼儿园该如何建立家长学校并保障其顺利运行呢？

1. 提出理念。文化建设是家长学校建设的关键环节。幼儿园需要结合幼儿园文化、办园理念、幼儿培养目标及教师培养目标等内容深入思考，围绕"家园合作促进幼儿发展"这一核心任务，提出家长学校的名称与理念。理念提出后，可面向全体家长、教师和幼儿征集家长学校的口号和标识。

2. 机制建设。成立家长学校的第二步是进行相关机制建设并保障其运行。幼儿园可以成立家长学校工作领导小组，由园长任组长，保教干部任组员，落实阵地管理主体责任；同时设立家长学校工作执行小组，由保教干部任组长，各级骨干教师和其他部门负责人任组员，构建"园长统筹—保教主导—部门联动"的工作体系。不仅如此，还需要进行多部门联动，完善优化家长学校统一的支持保障体系，从幼儿园制度层面给予鼓励和支持，主要包括课程资源配置、活动经费保障，以及完善考核评价、管理指导和技术支持机制，为参与家长学校工作的教师提供丰富的资源支持。促使中层管理干部、教师都能认识到家长学校对家园共育工作的重要性，发挥顶层设计的导向作用。

3. 确立目标。家长学校建立的第三步是确立目标。幼儿园可通过问卷调研、家长代表访谈等方式，了解家长在育儿方面的困惑、想法，以及对家长学校的宝贵建议，结合家长的需要与幼儿年龄特点制定目标。之后，还需结合幼儿园家长工作的实际情况，将家长学校目标拆分为周、月、学期及学年阶段性目标。

4. 教师培养。完成目标确立后，幼儿园需要为家长学校培养教师队伍。保教管理者可以将其纳入教师队伍培养工作的一部分，重点培养一些经验丰富的骨干教师。同时，结合家长学校的课程需要纳入一部分教师，若涉及美育课程开发，可以纳入有美术特长的教师，开展宣传工作可以选用有广告学相关背景的教师。在教师培养过程中，可以采取专家培训、自主学习、教师带徒、教科研引领等研训模式，促进理论与实践深度融合。

5. 课程选择。在幼儿园家长学校的课程选择过程中，教师可以通过调研梳理班级家长的共性与个性需求，开发适宜的家长学校课程内容。课程需要体现地域、年龄段及学校特色。不仅如此，还需要选择多种授课形式。比如，运用信息化手段，开展家长学校的课程，打破家长学校时空限制。可以建立学习群，搭建家庭与网络双平台，通过微信群、钉钉群加强讨论和沟通，共同商讨，协同解决，实现远程信息传达和互动培训。此外，每次课程开展前都要做好充分的物质准备。

6. 评价反馈。在家长学校运行过程中，需要实施多方面评价，加强对家长学校工作质量的反思和反馈，并及时进行动态调整。每次活动结束时，可通过"写小纸条""说关键词"等互动方式，让家长分享参与活动的感受。活动结束后，也可通过线上访谈、问卷调研的方式选取部分家长进行反馈。需要注意的是，对家长的调研要采取正向引导的方式，共同推动家长学校发展。同时，还可以采取集体教研、工作复盘等方式组织教师反思，总结优势和不足，及时进行调整。

7. 宣传辐射。最后，需要加大对家长学校的宣传力度，推动家长学校品牌化建设。在宣传形式上，可以综合采用公众号、班级群、地方教育平台和网站等线上渠道，也可以在家委会、家长沙龙、周边社区或幼儿园宣传栏进行线下宣传，尽可能创新宣传方式，提升宣传效果。在宣传内容上，可以从家长的角度出发，提供一些育儿知识，也可以分享家长学校的组织模式。需要注意的是，在宣传过程中，一定要结合幼儿园文化、课程和家长学校的理念，突出幼儿园文化特质与专业引领作用，避免内容流于"流水账"和"大事记"。

教育家苏霍姆林斯基曾说过："只有学校教育而无家庭教育，或只有家庭教育而无学校教育，都不能完成培养人这一极其细致复杂的任务。"高质量的家长学校能够成为促进家园一致的桥梁。幼儿园可以把家长纳入家长学校建立的每个环节，发挥家长的智慧和资源优势，携手将家长学校办得有声有色。

（北京市朝阳区丽景幼儿园　李佳景、颜国东、佟鑫）

话题 4：如何充分利用社区的教育资源？

在家园社协同育人的教育背景下，幼儿园需充分利用社区及周边社会资源，形成教育合力，促进幼儿的健康成长。那么，如何充分挖掘和利用社区及周边社会资源呢？

第一，幼儿园要精准把握本社区教育资源的独特价值，这源于幼儿园对因地制宜开展幼儿教育的理解和把握。不同地区、不同位置的社区教育资源有明显差异。北京作为首善之区，其社会教育资源丰富多样，部分小区不仅内部配备有社区医院、图书馆及公园等设施，还与周边社会资源紧密联动，形成教育资源共享网络。比如有的幼儿园附近有博物馆或美术馆，有的幼儿园附近有使馆区，有的幼儿园附近有儿童乐园等。面对如此丰富的社区及周边社会资源，幼儿园应秉持"打开园门"的视野和站位立足自身幼儿园的课程发展及幼儿的兴趣和发展需求，有目标地观察和挖掘适宜的教育资源。需避免本末倒置，防止为迎合社区资源而预设相应的教育活动，生硬"牵"着孩子去学习。

第二，在社区教育资源的挖掘中，幼儿园要充分联动社区相关工作人员和幼儿家长。充分利用社区教育资源，要摒除"重物质资源"的观念，将目光从周边社区的配套设施拓展到人力资源等其他领域。物质资源外显，幼儿园能较快了解并掌握基本信息；而深层的社区教育资源，如社区居民中的"幼教能人"、社区共建单位的拓展资源、社区网络信息数据资源等深层资源，需要幼儿园充分联动社区服务的工作人员进行互动，建立常态化教育交流机制，对社区组织的活动有所了解，挖掘其中更广泛的人力资源、数据资源等。同时，幼儿园还应在日常家园互动中关注本社区的居民家长，通过家长资源了解更丰富且客观的社区教育资源情况。如在一次家园社协同沙龙座谈中，社区提及近期将组织一场山区捐赠的活动，幼儿园在跟进下细致了解了捐赠活动的规划，从而开展了"温暖的小手"与山区小朋友手拉手活动。通过这次活动，幼儿园不仅借助社区信息资源与山区幼儿园建立联系，开展了符合幼儿年龄段的献爱心活动，还高效、规范地推进了第一次捐赠活动。

第三，应让幼儿成为运用社区资源的小主人，充分倾听幼儿的想法，支持幼儿参与活动并进行表达。家园社协同育人的最终目的是助力幼儿的成长，支持幼儿开展有意义的学习。因此，在运用社区资源的过程中，幼儿园要始终将幼儿的需求和发展放在前面，支持并创设有助于幼儿自主游戏、自主学习的教育氛围。如在社区场地资源的运用时要充分帮助幼儿提前熟悉环境，形成情绪稳定的活动基础；又如在资源使用和创造生发的过程中，教师在保障安全的前提下，要鼓励幼儿多动手体验、积极观察、亲身实践。只有幼儿作为小主人去运用了资源，才能真正实现社区资源的教育价值。以社区图书馆、医院、消防站或垃圾站等场所为例，若教师仅带领幼儿走入参观讲解，幼儿很难获得内化的教育感受和经验；若教师引导幼儿在图书馆进行阅读分享、在消防站参与消防演习、在垃圾站实践垃圾站分类投放并观察处理流程，幼儿就能在自主学习中获得成长动力。

第四，注重社区及周边社会环境中的文化资源，特别是传统文化资源。优秀的传统文化具有历久弥新的教育价值，是幼儿园在挖掘和运用社区教育资源中的重点。如社区中的"老革命"、红色教育基地、传统文化佳节的庆典活动等，都体现了积极正向的文化资源特征，适合幼儿园充分运用，融入班级开展的德育活动、传统民俗活动等内容实践。在优秀文化的润养中，社区与幼儿园通过文化协同深化合作，构建稳定正向的家园关系。同时，幼儿园文化也能在资源运用中向社区和家长传播，在共同的文化互动中形成教育理念的共识。

第五，家园携手共创"社会是大课堂"的教育氛围。社区资源的充分运用不仅需要幼儿园发力，更需要日常家园共育中双方都形成"社会是大课堂"的意识。否则每一次都由幼儿园牵头、发起、组织，活动的内容和形式会有所偏失。家长作为幼儿教育的重要成员，也要在日常交流中积极地向老师、幼儿园提出借助社区资源开展家庭教育、社会实践、协同活动的需求和契机。这就需要幼儿园在入园阶段和家长的共育互动中建立"注重社区教育资源、共享教育资源"的常态化沟通机制。如家长结合近期幼儿居家时对种植感兴趣，自发成立小组，与社区对接后利用社区的空地带领幼儿种菜。虽然该活动并非由幼儿园发起，但在"社会即课堂"的共识下，幼儿园也联动将园内种植园和社区种植园同步活动，幼儿自主"排班"去照顾小菜园，形成了园内园外、家里家外共同参与科学种植的良好局面。

因此，想要充分地挖掘和运用社区教育资源，需要幼儿园有家园社协同育人的大局观，从资源的范畴、运用的形式和实践的意识上都要形成更加广泛而深入的思考。

（北京市朝阳区福怡苑幼儿园　秦雪、肖微、张彤飞）

话题 5：如何与社区联动开展公益主题活动？

　　家、园、社区共建和谐，具体包括：发挥幼儿园在社区中的中心辐射作用，进一步扩大幼儿园在社区中的影响力；发挥幼儿园正面导向作用，实现其文化传播功能，带动社区和谐发展；增强幼儿园对社会工作专业介入的参与和管理；建立起幼儿园与社区的良好互动，加强幼儿园与社区的紧密联系；通过三方协作培养幼儿的独立、合作、关爱精神及社会责任感，激发幼儿潜能，培养幼儿自我管理能力及对于社会贡献的正面导向作用。同时，三方共建活动也能更好地帮助社区与幼儿园建立起信任关系。

　　因此，借助家、园、社三方开展公益活动，无论是对家园关系的促进，还是对幼儿的培养，都具有正向作用。下面以"我们有"画"说——社区幼儿画展"为例，介绍家、园、社联动的公益活动的组织策略：

　　精准定位：立足幼儿生活，寻找公益主题落点

　　开展公益活动需生明确目标定位，围绕一个中心目标进行展开，同时活动要能符合幼儿生活实际，立足幼儿直观感受。以画展组织与开展为例，游戏是幼儿学习的基本形式，他们在游戏中学习并获得发展。教师通过一对一倾听并真实记录他们的想法和体验，形成一幅幅展现幼儿学习过程及心理变化的故事，以此呈现幼儿的精神世界。

　　对幼儿精神世界的展示更是对幼儿独立人格的宣扬。在画展期间，由老师和幼儿向社区居民介绍游戏内容，让社区居民在观赏和聆听的过程中能用心感受、倾听并理解幼儿的故事与思考，走进幼儿的世界。

　　1. 幼儿发展方面：支持幼儿在游戏后表达表征，通过一对一倾听，巩固和拓展幼儿的游戏经验，支持幼儿深度学习。

　　2. 社区教育共享方面：帮助社区居民更好地倾听幼儿、发现幼儿、支持幼儿，也让每一名幼儿都被欣赏，每一位幼儿都是独立的被尊重的个体。

　　深化意义：凸显幼儿主体，打通家、园、社沟通渠道

　　在确定目标之后，要对活动进行必要分解和扩展。考虑到幼儿对公益活动不能全面把握，很难从宏观上理解社会责任，活动策划应立足幼儿生活实际，进行系统化设计。对于画展活动，要让幼儿理解并参与其中感受价值，我们可以借助家长和社区资源以及家园共育课程建设，做好铺垫和准备。如：

　　（1）组织幼儿走进美术馆，了解画展的样式和模式；

（2）在幼儿园班级开展主题画展，让幼儿感受绘画的价值和意义，同时教师通过倾听幼儿的内心世界帮助确定画展发现主题；

（3）让幼儿在活动中体验被倾听、被关注、被理解、被重视，并尝试同伴之间开展倾听和记录，创新画展的新形式；

（4）安排幼儿与家长共同欣赏特殊群体幼儿（如听障儿童）的画作，感受符号、画面所传达的意思；

（5）提供各种倾听、记录的工具，帮助幼儿捕捉生活中的重要、趣味、难忘的瞬间，帮助幼儿培养倾听的意识，并主动倾听他人、生活、自然；

（6）借助社区游戏角，组织幼儿走访社区，寻找社区"最好听的声音"，推荐画展主题。

重视辐射：宣传活动价值，营造积极的社会评价

活动前期需对幼儿、老师、幼儿园、社区及现有的社区活动进行评估和走访，最终确定以社区公益行动的方式开展。在此过程中，重点培养幼儿及家长相互合作与独立策划的能力。教师在实施计划时，既要发挥督导作用，也要运用专业经验帮助幼儿融入社区。在组织活动时，需注意以下几点。

1. 增加活动的吸引力：前期做好活动调研，确立主题和内容，与幼儿兴趣和家庭教育理念相结合。设置互动环节，如亲子绘画、观展讲解等，让家长和幼儿共同参与。

2. 强化活动宣传：发送邀请函给社区内的家庭，利用社交媒体、社区公告栏、幼儿园通讯等渠道广泛宣传。制作吸引人的活动海报和宣传视频，在社区内和幼儿园宣传栏进行宣传。

3. 注重活动的教育意义：每幅作品都有幼儿的体会和表达，请家长倾听幼儿的声音，发现幼儿的兴趣和需要。通过活动让家长认识到幼儿创造力、观察力和表达能力的重要性。

4. 确保活动的安全性：明确活动流程，制订安全预案，进行安全演习，确保活动现场安全措施到位。因场地有限，安排教师或社区工作人员进行分流引导，如绘画幼儿较多，可带幼儿先观展。观展过程中提示家长看护好幼儿，避免在作品架间奔跑、穿梭，爱护每一幅展出的作品。

活动不仅告诉家长要学会倾听幼儿，更在社区范围内向更多家长宣传了倾听的力量，这对特殊幼儿的教育同样具备意义。家、园、社三方充分利用自然环境和社会文化资源，扩展幼儿的实践活动空间，以"画展"公

益项目，让幼儿在生活体验和社会交往中逐渐形成愿意表达、愿意倾听的习惯，也向社会宣扬了儿童的地位和权利，让幼儿真正成为自己的主人，成为其生活的主体，让幼儿的地位在倾听和理解中得以凸显。具体活动安排如表 3-3 所示。

表 3-3　幼儿园与社区联动开展公益主题活动表

时间	内容	地点
10：00—10：10	集合、主持人开场	社区共享空间
10：10—10：30	由教师和幼儿集体介绍	社区共享空间
10：30—11：00	自主观展、绘画互动	社区共享空间

（北京市朝阳区西坝河第一幼儿园　张静、丁颖、金韩寒、王维静）

话题 6：如何借助节日、节日活动将家庭、幼儿园、社区联动起来？

教育部《幼儿园保育教育质量评估指南》指出，幼儿园应与家庭、社区密切合作，积极构建协同育人机制，充分利用自然、社会和文化资源，共同创设良好的育人环境。节日作为适应生产生活需要而形成的民俗文化，是社会的缩影。我国传统节日蕴藏着宝贵的多元文化教育资源，利用这些节日活动，能使幼儿了解社会、感受多元文化、增进对社会的多角度认知，并培养积极的性格品质。幼儿园、家庭、社区的积极参与和营造的节日氛围，对幼儿感知和融入环境起到关键作用。

一、以节日活动为抓手，家园社协同配合，打造沉浸式参与体验

秉承着"幼儿为本"的教育思想，以体验活动为引领，将家庭与社会各方资源联合在一起。在幼儿教育中，家园社作为幼儿成长的重要环境，发挥着不可替代的作用，家园社的协同育人不仅深化了幼儿对传统文化的认知，更为幼儿提供了丰富的情感支持与成长体验。

春节前夕，教师带领幼儿回顾过去一年的成长，制订春节计划，并开展制作贺卡、包饺子等活动，为即将到来的春节做好充足的准备和满心的期待。同时，家园社携手筹备迎新春活动，围绕舞龙、冰糖葫芦、许愿球、虎头帽等充满春节特色元素，组织丰富的手工制作，带领幼儿在游戏的过

程中感受春节特有的传统文化节日氛围。

"元宵喜乐会"则是围绕认识庙会、筹备庙会展开。通过亲子体验庙会、搜集资料分享的方式，让幼儿了解庙会文化内涵。在筹备庙会阶段重点开展：幼儿参与创编灯谜、练习高跷开场秀、设计庙会背景板、制作宣传海报等活动，各种活动内容丰富，形式多样。在此过程中，幼儿积极动手动脑、团结协作，在沉浸式体验中收获成就感。庙会活动正式开始后，家长与幼儿身穿中式服装参与，园内回荡着欢乐喜庆的节日音乐。自主选择适宜的项目和感兴趣的活动，在多种形式的活动中，感受庙会的有趣。

在端午节活动中，伴随亲子锣鼓表演"庆端午"端午趣味游园会活动正式开始。家长与幼儿共同设计小组队旗，包括小组口号、端午标志、分组编号等元素。随后，各组找教师领取线索卡，开始游戏，各组完成12个端午游戏后回到原点，将自己组的队旗插在"安康号"龙舟上，从龙舟上自主选取端午祝福。活动最后亲子共同参观"大家一起过端午"展览，欣赏五彩绳、彩蛋、香包、粽子、龙舟等展品。

由此可见，节日活动不再仅仅是形式上的庆祝，更成为一个促进家园社协同教育的契机，为幼儿的成长而共同努力，进一步巩固家园社三方协同共育的关系，构建了更加紧密的合作教育模式。

二、家园社携手，以多元节日活动促进幼儿发展

（一）亲子互动

节日教育是非常适合家园携手共育的社会活动。幼儿园和家长、家庭建立联系，通过多种方式指导家长开展节日亲子活动。教师在节前可与家长沟通，帮其设计与节日有关的适合自己家庭的亲子活动，如元宵节亲子猜灯谜；端午节共同包粽子、做香囊。每个节后教师组织开展讨论和分享，把幼儿对有关节日的所见所闻转化为其内在经验。寓节日教育于亲子活动中，既增进了亲子关系，又让幼儿与家长共同领悟传统节日意义，实现节日教育与家园合作的有机结合。

（二）社区参与

在重阳节的活动中，幼儿园在节日活动中充分发挥了核心领导的作用，明确了重阳节活动的主题和目标——"九九重阳节 浓浓敬老情"，该活动不仅让孩子在幼儿园学习中感受传统节日的文化意义，还通过互动体验增强家庭和社区的参与感。在本次主题活动中，幼儿园安排了"敬老爱老"

主题活动，鼓励孩子们制作贺卡和手工艺品送给社区的老年人。教师还组织幼儿参观社区，让幼儿亲身体验敬老爱老的传统美德。这些活动充分体现了核心引领的作用，其不仅使重阳节的活动更加丰富多彩，也强化了家园社三方的合作关系。

（三）资源共享

家园社资源共享是提升教育质量、促进儿童全面发展的重要途径。在实践中，家园社三方可以通过多种方式实现资源共享，共同为儿童的成长营造良好的环境。利用现代信息技术，建立家园社资源共享的信息化平台。发布和展示各类教育资源，包括图书、视频、教学课件、活动方案等。利用现有的物理空间，如幼儿园的图书室、活动室，社区的文化中心、公园等，开展各类教育活动和亲子互动。这些空间可以在非教学时间向家长和社区居民开放，实现资源的最大化利用。教师和家长是家园社资源共享中的重要人力资源。教师可以利用自己的专业知识和教学经验，为家长提供育儿指导和教育咨询；家长则可以结合自己的职业特长和兴趣爱好，为幼儿园和社区提供志愿服务和特色课程。

（北京市朝阳区华洋紫竹幼儿园 商丽雅、孟彤、王彦超）

 话题 7：如何与社区建立常态化的联动机制？

《中国儿童发展纲要（2021—2030 年）》指出，要加强中小学、幼儿园、社区家长学校、家长委员会建设，统筹社会教育各类场地、设施和队伍等资源，丰富校外教育内容和形式。为实现联动育人目标，更好地支持幼儿园幼儿全面和谐发展，幼儿园一直在致力于探索与社区建立常态化联动机制。实践证明，社区资源在幼儿园幼儿发展中发挥了重要作用。关于提升联动育人质量，我们主要通过以下三种途径：一是建立互动平等的信任关系，二是拓展家园社课程资源，三是定期评估以评促建。

（一）建立互动、平等信任关系

为构建良好的家园社共育氛围，幼儿园教师对周边社区可利用资源进行梳理整合，幼儿园和社区共同整理教育资源，成立教育资源库，并对现有文件进行标准化整理（分类、编码、存储）。在整理过程中，教师和社区人员结合幼儿的年龄特点，筛选出那些贴近幼儿生活、富有教育意义的内容。这样的整理便于后续的查询与使用。除此之外，幼儿园教师还主动和社区取得联系，进行有效沟通，统一思想，与社区共同组建联动育人研究小组，定期对联动育人中的问题进行梳理、总结以便提升联动育人的质量。

（二）拓展家园社课程资源

在拓展课程资源方面，幼儿园采取"请进来"与"走出去"相结合的方式。前者是充分挖掘社区人力资源，结合一些活动主题请社区工作人员走进幼儿园和幼儿园一起开展活动。后者则是根据社区历史、场所等资源特点，组织幼儿走进社区亲身体会，发挥社区资源的教育效果。

1. "请进来"——社区人力资源走进幼儿园开展活动

在"加强安全教育 建设平安校园"活动中，幼儿园邀请社区消防员走进幼儿园开展科普演练活动。在疏散演练结束后，消防员身着战斗服、携带灭火救援装备，现场给幼儿展示水袋用途。通过近距离互动，幼儿对消防员的服饰和装备非常感兴趣，围着消防员提出了一个又一个问题，消防员的现场讲解为幼儿带来了生动的消防安全知识教育。活动结束后，幼儿园还邀请家长对消防员进校园活动做出评价，教师也对本次活动提出了评价，同时还集体梳理了本次联动育人中的问题，进而提出改进策略。通过一次次多方评价，幼儿园联动育人活动完善发展。

2. "走出去"——利用社区资源开展系列活动

近年来，"垃圾要分类 文明要实践"一直是文明社区建设的重要一环。为此，幼儿园主动和社区加强联系，合理有效地利用社区开展的垃圾分类科普活动，积极开展育人工作。例如，组织家长和幼儿开展亲子健步走、打卡并参与公园环保活动。在家长和同伴的影响下，幼儿亲身体验到了垃圾分类的重要性，环保理念在心中生根发芽，在社区内形成了一股环保力量，实现了联动育人目标。

（三）定期评估，建立家园社互评机制

评估是推动发展的重要动力。为了提升家园社共育的质量，幼儿园与社区定期通过线上问卷、设置实体意见箱与线上反馈渠道，征集家长、教师和社区代表对活动的意见和建议。通过分析多方反馈意见，及时发现互动活动中的问题和不足，并有针对性地调整互动策略、改进活动方案。例如，大部分家长希望幼儿园与社区能够围绕传统节日组织一些大型活动，以此扩大参与面，于是社区开放更多活动场所（如广场、文化中心），与幼儿园共同组织活动。

社区资源作为新型教育载体，作为幼儿园一方，我们需要深刻意识到，幼儿园主动引领、与社区积极联动是幼儿园、社区协同共育的基本定位，只有这样才能全方面、深入挖掘社区资源，联动育人模式的价值才能得以实现。

（北京市朝阳区枣营幼儿园 李飞荣、薛然）

附 家园社协同故事

● 教师与家长协同育人故事

一餐一饭育童心

贝塔是我们班一名刚满三岁的小男生，瘦瘦高高，性格开朗活泼。他从小由妈妈和保姆带大，贝塔妈妈描述："家里就这一个宝贝，阿姨和我一直以他为中心，从小事事都由阿姨帮忙，导致他自理能力较差，总是依赖于大人的帮助，养成了饭来张口，衣来伸手的习惯。"而妈妈的描述也在上幼儿园的初期显现出来了。刚上幼儿园的贝塔喜欢幼儿园，但到了中午吃饭时候，刚看到老师推着餐车进来，他就飞快地跑到卧室的角落里，跺着小脚、摆着小手，嘴里念叨着："我不要吃饭、我不要吃饭"，然后大哭起来，甚至在地上打滚。不管老师怎么劝他也不能平静，极力劝说及使用各种策略都无济于事，导致他一天只喝水、喝奶，不吃任何食物。

妈妈起初认为饿一天没关系，但第二天、第三天依然如此。妈妈有些着急，她和老师沟通，提出想通过视频关注孩子用餐情况，于是我们尝试着利用与妈妈"共进午餐"的方法来鼓励贝塔吃饭，可还是无效。妈妈又要求给贝塔看着动画片吃饭，为了贝塔的健康及习惯养成，这个建议被老师拒绝了，这一天的尝试再次失败。

到了第四天，教师想到用以汤代水的方式让贝塔尝试先喝汤，将午餐的汤倒在贝塔的水杯里，让他"喝水"。贝塔一口尝出水的味道不对，是咸咸的味道，他意识到这个"水"有问题，不愿意再尝试。

晚上与家长沟通时，教师将在幼儿园采取的方法反馈给贝塔妈妈，并一起商量有什么更好的策略。沟通中，教师了解到贝塔在家很喜欢自己的餐具，利用这一特点，教师建议将他在家的餐具带到幼儿园试试。第二天，贝塔看到自己的餐具，起初很是抗拒，但是当老师和他一边聊自己的"小汽车餐具"，一边尝试着让贝塔进餐，贝塔终于开始尝试吃饭了，我们及时将这个好消息告诉妈妈，她非常激动。但仅仅两天后，贝塔又开始抗拒吃饭，无论是什么方法都不起效，我们再次与贝塔妈妈沟通，了解最近贝塔在家的情况，在沟通中发现贝塔从小到现在所吃的食物种类比较单一，幼儿园的很多食物贝塔并没有见过也没吃过，这也许是贝塔不敢尝试的原因。教师建议妈妈在家制作和幼儿园一样的小面食，并向贝塔介绍这是幼儿园制作的美食。这样一来贝塔不仅对幼儿园增添了一丝好感，同时，也在慢慢接受幼儿园的餐食。

除此之外，教师每天将幼儿园的食谱及食物的做法反馈给贝塔妈妈，方便她在家尝试制作帮助贝塔熟悉幼儿园食物，不再抗拒在幼儿园进餐。一周后，贝塔慢慢地从白米饭到吃菜，再到饭菜搭配着吃，每一个瞬间都在记录着贝塔的进步。妈妈也发来了很长的一段话，感激地说："自己的儿子非常幸运遇到了这么负责且专业的老师，这么有耐心地让孩子能够在幼儿园吃上香香的饭菜，既培养了孩子良好的进餐习惯，又缓解了家长的焦虑。"

一餐一饭育童心，通过家园携手，贝塔实现了自主进餐。培养幼儿良好的进餐习惯，既需要教师的智慧，也离不开家长的密切配合。除此之外，不仅是贝塔，对于班级中其他小朋友在入园初期的进餐问题，教师也有针对性地开展家园活动。比如，召开班级家长会、资源推送分享等方式让家长了解幼儿进餐习惯养成的重要性，包括小班幼儿的年龄特点、发展需要、健康领域中幼儿现在的身高、体重等指标；将幼儿园每日食谱及营养价值推送给家长，使家长可以提前在家与孩子认识这些食物或做一做、尝一尝，激发幼儿对幼儿园餐食的喜爱，同时在家给孩子讲一讲各种蔬菜的营养，陪同孩子去菜市场，看一看各种各样新鲜的食材，从而唤起孩子想吃食物的欲望。

在班级里，教师开展相关食育活动，帮助幼儿了解吃蔬菜的重要性。通过"蔬菜变变变"的游戏，让幼儿体验洗蔬菜、切蔬菜、榨汁、制作蔬菜面点的过程，让幼儿感受原来蔬菜可以是多样的；同时，教师创设"吃饭香香"生活评比墙，鼓励幼儿能够积极进餐，尝试吃各种食物，以奖励的形式激励幼儿将自己的"小套餐"吃光。

家园协同是一项长期工程，任重而道远。只要家园坚持沟通、相互信任、密切配合，就一定会让每个孩子健康地成长。

（北京市朝阳区秀园幼儿园　李乐、李敬、王雪）

• 家长与班级协同育人故事

亲子走中轴，家园协同共育人

北京中轴线是北京一道亮丽的风景线，见证了北京城的变迁。如今，它更成为家园协同育人的纽带。本学期，我们基于幼儿兴趣开展了"带你走中轴线"主题活动。借助这一活动，不仅让家长了解到幼儿园的传统文化课程，更是在与家长的协同下促进了幼儿的成长。

活动源于假期归来，孩子们在班级里一起聊了聊假期去过的地方和发生的事情，不少孩子都去了北京的景点，其中妙妙讲述了她和家人在暑期一起游览中轴线的见闻。她告诉小朋友们今年暑期"北京中轴线"申遗成功，这条神奇"线"瞬间吸引了孩子们的兴趣。在接下来的活动中，为了帮助孩子们了解这条北京中轴线，当天晚上，我在班级群中向家长发起协助资料收集的倡议。然而第二天早上，仅有暖暖、媛媛及小宝3位小朋友带来资料。

针对这一情况，班级分析原因发现可能是幼儿相关经验较少。恰逢班级中也投放了很多北京中轴线的绘本，打算开展"亲子共读打卡"的活动，鼓励幼儿将中轴线相关图书借阅与爸爸妈妈一起阅读、讨论，增加幼儿对中轴线的经验。这一活动不仅激发了孩子的阅读兴趣，也受到了家长们的肯定。几天后，齐齐在自主搭建时想要搭建天坛。我们一起通过共同阅读绘本、观察视频、图片等多种形式了解了天坛的结构特点，还制订了搭建天坛的计划。这一活动吸引了其他小朋友参与，经过一周的探索，孩子们终于搭建成功了，兴奋极了！参与搭建的小朋友也迫不及待地向大家介绍成果，教师也将这次幼儿整个探究搭建的过程，包括如何运用材料组合、如何解决搭建问题等制作成视频分享到班级群中。这一分享，获得家长纷纷点赞。齐齐妈妈说道："最近孩子对中轴线很感兴趣，上周带着孩子一起去了天坛，发现了天坛建筑的特点，看到孩子和小朋友们的搭建成果，感到非常感叹！"家长们对幼儿园这次的主题活动非常认可，点赞的家长也越来越多。正值开展班级家长会，在准备家长会内容时，我们将本月开展的"带你走北京中轴线"主题活动向家长进行介绍讲解，包括该活动的来源、对幼儿开展的价值、活动的主要课程内容等。此外，我们也表达了希望家长们能与幼儿园共同携手开展主题课程活动，支持幼儿搜集相关资料、参与亲子走中轴线活动等。

这次家长会后，正值周末，一向不爱参与幼儿园活动的大宝爸爸一早便带孩子游览天坛、天安门，还将参观的照片发在班级群里分享，引出其他小朋友也想走中轴线。班级教师发现了孩子们、家长们的变化，在周六也去游览了中轴线，并在班级群里向小朋友介绍，鼓励更多的家庭参与，还鼓励孩子们将自己走中轴线的图片制作成小书带到幼儿园分享。

周一晨间，孩子们围绕"周末走中轴"热烈分享。有小朋友说一起去看了天坛圆形的秘密，有小朋友说自己走到了中轴线的中心，在景山公园看到了中轴线全景，很多小朋友都制作了"中轴线参观日记"，展示了自己和爸爸妈妈一起骑行走中轴一路上的风景，发生的有意思的事情。在孩子们分享的同时，教师也将每个小朋友的讲解过程进行了录制，并反馈给家长。在这次活动中，家长积极参与协同育人，与孩子一起走中轴线，丰富了孩子们的经验，孩子们一个个也更愿意表达，在教师引导下讲述也越来越清楚完整。看到孩子们对北京中轴线的探究兴趣，家长不仅感受到幼儿园传统文化课程活动的丰富多彩，对幼儿成长的育人价值，更是发现了孩子在语言、科学、社会、学习品质等各方面的成长。

班级开展的亲子走中轴线活动就是促进家园协同育人的桥梁，让家长的心和班级教师靠得更近。孩子的成长家长都看在眼里，教师的专业、耐心和爱也让家长记在心里。接下来，就让有意义的活动继续在班中延续，让信任继续在家园之间传递，让家园协同的篇章继续书写幼儿成长的点滴！

（北京市朝阳区秀园幼儿园　罗楠、王瑶、张新艺）

（北京市朝阳区教育科学研究院　贾倩倩）

• 家长与幼儿园协同育人故事

海棠树下的伙委会

在秀园幼儿园的校园里，有一棵美丽的海棠树。每年春天，满树海棠花如锦似绣，层层叠叠绽放在枝头，微风拂过，花瓣如雪花般飘落，温暖而灿烂。而在这棵海棠树下，正发生着一个温暖且富有意义的故事，它开启了家园协同育人的新旅程——海棠树下的"伙委会"。

幼儿园的膳食一直是家长们关心的重点，为了更好地保障孩子们的饮食健康与安全、提高饮食质量、促进食堂服务水平，幼儿园成立了伙委会。

该委员会由幼儿园领导、教师代表、食堂管理人员、幼儿代表及家长代表共同组成。

会议在海棠树下举行。阳光透过海棠花的缝隙洒下，营造出温馨的氛围。幼儿园园长首先介绍了伙委会的重要性和目标，强调了家园协同育人的理念："我们希望通过伙委会，让家长参与到孩子们的饮食管理中来，共同为孩子们的健康成长努力"。园长的话语，让在场的家长感受到自己所肩负的使命与责任。

接下来，食堂管理员详细地介绍了幼儿园营养食谱的制定食谱参照《中国居民膳食指南》中的膳食宝塔，遵循"第一层以谷类为主，第二层以蔬菜和水果为主，第三层以畜、禽、鱼、虾、蛋类为主，第四层以奶类和豆类食物为主，第五层以油脂类为主"的原则，确保营养要素要齐全、数量充足、比例适当、供需平衡。食堂还会根据幼儿不同年龄段的供需量，制定带量食谱。比如幼儿早餐一个果仁包，便精确包含小麦粉25克、核桃仁1.5克、黑芝麻1.5克、奶粉2克等食材。明泽的妈妈感慨道："没想到幼儿园食谱背后，是经过营养师如此细致的营养计算得来的!"

为了让家长们更好地了解幼儿园的食堂工作，食堂班长带着家长走进了食堂进行了参观。家长们穿上一次性隔离衣，戴上口罩、帽子和鞋套，先是参观食堂整体的环境，再进入一个个单间：操作间、粗加工间、分餐间、幼儿库房、成人库房、面点间及消毒设备存放区域等。参观过程中，家长们看到厨师们正在忙碌地准备孩子们的午餐，食材新鲜、操作规范。思琪妈妈感叹："看到这样的食堂，我们真的很放心!"

美味的午餐做好了，幼儿园邀请家长们与幼儿共同就餐。家长们提早走进班级，看到保育员在为餐桌消毒：先用清水擦拭一遍，再用消毒水擦拭并停留约10分钟，最后再用清水擦一遍。随后将餐食通过专用食梯运送到班级。幼儿有序取餐，值日生负责报菜名、做值日，小朋友们依次洗手、取餐、自主添饭菜，安静地坐在自己的座位上用餐。然然爸爸不禁感叹："感谢老师们对孩子的精心呵护，整洁明亮的班级环境，孩子们自主地取餐用餐的模样，都让我看到了孩子在幼儿园学会了自理和自律，他们的成长让我感到无比欣慰。"家长和孩子们一起品尝美味的饭菜，对饭菜的外观、口味、质量通过"望、闻、问、尝"等方式进行认真评价，最后填写《陪餐记录表》，反馈陪餐过程中发现的问题与建议。宇豪爸爸在反馈中写道："在陪餐过程中，让我深刻地感受到了幼儿园对孩子们的爱与责任。每一道饭菜都蕴含着老师们的辛勤付出和对孩子们的关爱，每一个细节都体现了幼儿园对教育的用心和执着。作为家长，我们也应该更加积极地参与到孩子的教育中来，与幼儿园携手共进，为孩子们的成长创造更加美好的未来。"

随着伙委会工作的推进，孩子们的饮食更加健康、丰富，家长们对幼儿园的信任也更加深厚。在未来的日子里，伙委会将继续在海棠树下，书写着一段段温暖而又美好的故事，让每一道美味的菜肴，每一次温馨的活动，都成为故事里最华美的画卷。而那棵海棠树，也将持续见证家园携手共进的一个又一个成果。

（北京市朝阳区秀园幼儿园　张爽、赵欣、段炼）

●家长、幼儿园、社区联动育人故事

垃圾分类，家园社同行

户外活动结束后，幼儿回到班级中进行加餐，每天加餐为牛奶。饮用后，孩子们需将餐后垃圾放入垃圾桶。这时，萱萱大声说道："甜甜，你放错啦！吸管用完之后应该放到'其他'类。"甜甜反驳："吸管应该放在'可回收'垃圾桶。"说完便将吸管放进了"可回收"的垃圾桶中。吸管究竟该归哪类垃圾？孩子们各执一词，有的小朋友说它是塑料的，有的小朋友说我家也是这么放的。孩子们针对吸管该属于哪类垃圾展开了辩论。正方认为吸管要投放到其他垃圾桶，因为吸管不能重复使用；反方认为吸管是塑料制品，可以重复使用。这时，嘉铭说道："我爸爸在社区工作，还当过值守垃圾桶志愿者呢，他一定知道。"除了"吸管"的垃圾分类问题，班级经常也会出现其他的问题，比如"水彩笔""铅笔"属于哪类垃圾。

为了进一步培养孩子们从小树立垃圾分类意识，我们决定借助此次机会与班级的社区志愿者家长合作，邀请社区工作人员为小朋友们普及垃圾分类的相关知识，让孩子们深入了解垃圾分类的重要意义。当我们与嘉铭爸爸联系时，嘉铭爸爸非常愿意参与此次活动，最终在沟通协商中决定以趣味游戏的形式开展垃圾分类的活动，包括垃圾分类大转盘游戏、运送垃圾、垃圾小怪兽游戏，以及垃圾分类解答环节。

活动当天，嘉铭爸爸带领他的社区工作团队早早来到幼儿园，与班级教师一起进行场地布置。社区工作者先是围绕着"垃圾为什么要分类""垃圾怎么分""垃圾都去哪里了""垃圾分类的小窍门"四个方面展开，分享生活中的案例，向幼儿生动地讲解。随后，幼儿分为三组体验垃圾分类游戏。在第一组垃圾分类大转盘游戏中，孩子们兴致勃勃地转动指针，当指针指向某种垃圾时，社区工作者会帮助幼儿找到相应的垃圾桶。浩旭转到了鱼骨头，社区工作者提问："这属于什么垃圾？"浩旭回答："厨余垃圾。"社区工作者："你真棒！答对啦！"在第二组运送垃圾的游戏中，孩子们根据自己选择的垃圾，通过小车运送到相应的垃圾桶内。念慈将纸箱投放到了可回收垃圾桶内，将水果皮投放到了厨余垃圾桶内。社区工作者为小朋友竖起了大拇指。在第三组的垃圾小怪兽游戏中，小朋友都认真观察每一张图片，根据图片内容投放到相应的垃圾桶内，其间依依拿到了一个塑料袋的图片，只见她左看看右看看，迟迟不知道将塑料垃圾投放到哪里？这时，依依看了看身边的承承对他说："承承，你知道这个放在哪里吗？"承承也摇了摇头："我也不知道。"依依："那怎么办？"承承："我们一起问问社区的叔叔阿姨吧！"于是两人问道："阿姨，您知道塑料属于什么垃圾？"阿姨耐心解答："小朋友塑料属于可回收垃圾哟！"承承连忙道谢。最后，在分享环节环节，社区工作者通过生动的视频和图片解答了"吸管属于什么垃圾"的疑问——吸管是由塑料聚丙烯材料制成，是属于可回收垃圾。

社区工作者发现孩子们兴趣浓厚，且已掌握不少垃圾分类的知识，便鼓励大家走出班级和校园，向社区宣传垃圾分类。在教师、家长及社区的支持下，孩子们一个个化身为垃圾分类宣传员，将自己设计的垃圾分类的宣传海报讲给社区的叔叔阿姨们听，向大家宣传垃圾分类的小知识，倡导大家共同保护环境。恰逢 5 月 28 日是"志愿百日行"主题日，街道联合幼儿园在慧忠里公交车站开展"践行新时尚　分类志愿行——绿色公交站"活动。志愿者们通过生动有趣的互动游戏，为更多的小朋友们普及垃圾分类知识，让孩子们在轻松愉快的氛围中了解垃圾分类的重要性。

此次社区联动活动，不仅让幼儿掌握了垃圾分类知识，更充分彰显了家园社协同育人的显著成效。

（北京市朝阳区秀园幼儿园　李丽娜、程飞、杨爽）